光セラピー
omiyo

東京図書出版

まえがき

　光セラピーという名前は、私が40代の頃から天上界のまぶしい光が見えたことから命名したものです。
　夜歩いていても、とてもまぶしい光が降り注ぎ、曇りの日も雨の日も、また台風の時もどんな時にも、天上界は、あたたかく現世で生きている命に、沢山のポジティブな愛の光エネルギーを降り注いでいます。

　光と共に、メッセージも贈られています。
　素晴らしい愛のエネルギーです。
　天上界の愛の光が教えてくれることは、「愛すること」と「許すこと」です。
　この２点を天上界は、現世で生きる命、たましいの「課題」としています。

人それぞれ、生き方は自由です。
天上界は、現世で生きる命、たましい、光に対して、自由意思を尊重しています。

「愛は無限に降り注いでいます」
「欲しいと思う思考は、必ず手に入ります」
「欲しいと願うものは、無限にあります」
　天上界からのメッセージを伝えます。

　信じる者だけが、光のパワー、無限に広がる宇宙と同じものが、たましいの光に降り注がれて、たましいの光がよりいっそう輝きを増します。

第1話　お母さんに　決めた

　40代の頃、私は催眠療法（ヒプノセラピー）ができるようになり、自分の過去、現世の過去、前世の過去へと退行するようになり、現世の過去、母のおなかに入る前の世界、ちょうど天上界、空の上から母親選びをしている世界、映像を私の潜在意識の中で、私のオーラの中で、見ることができました。

　実体験をもとにした天使とのやりとり、会話を楽しんでいただけたらと思います。

　今、現世で生きているあなたも、同じように、今、現世で母親選びをして、今のあなたが、うまれてきました。

　たましいのあなたは、現世での課題、生きることの意味、生かされていくことの「学び」と「気づき」「愛」と「許し」を、あなた自身のたましいの成長とともに学んでいきます。

　人は、睡眠中に幽体離脱をして天上界に戻ります。潜在意識の中に記憶されます。しかし、目が覚めると、通常、天上界での出来事は忘れます。でも、潜在意識の中で受け取った天上界からのメッセージは、あなたの直感、ひらめきとして現世の世界で開花されます。

　信じる信じないは別として、こんな世界があること、人によっては、感じる人間も、この現世では、生きているんだなぁ〜と思う程度に読んでいただけたら嬉しいです。

「誰にしようかなぁ〜」
「悩んじゃうなぁ〜」

　今ね、私は、天使と一緒にいます。
　空から、見ています。
　お母さん選びをしています。

「どのお母さんにしようかなぁ〜」
　今、考えています。

　空の上から、いろんなお母さんを、見ています。

　お父さんとお母さんが一緒に、ご飯を食べている時、私は覗いていました。

「どんな話をしているのかなぁ〜」
　って、聴いています。

　お父さんとお母さんが、一緒に出かけた時も、一緒に、ついて行きました。

　私のことを、一番愛してくれるお父さんとお母さんを選びます。

　今日は、どのお母さんにするか、決める日です。
　だから、天使と一緒にいます。

「決めた」

「私、決めました」
「この、お母さんにします」
「このお母さんが、一番私を愛してくれるから」
「早く、お母さんに会いたい」
「お母さんのおなかに入って、お母さんと一緒に、おしゃべりしたいなぁ〜」
「お母さんと一緒に、ご飯食べられるんですね」
「嬉しいなぁ〜」
「すごく楽しみだなぁ〜」
「お母さん、私のこと、わかってくれるかなぁ〜」
「お母さん、私のこと、喜んでくれるかなぁ〜」
「お母さん、私のこと、愛してくれるかなぁ〜」
「ちょっと、心配になってきました」
「大丈夫だよね〜」
「きっと、お母さんは、愛してくれる」
「私、お母さんが、大好きです」

　天使が、ずっと私の話を聞いてくれました。
　優しく、温かな表情で、私を見ていてくれました。

　私は、ずっと安心して、一緒にいました。

　お母さんを決めたら、天使とお別れです。

「私、天使大好きだから、悲しいです」
「お母さん、好きだけど、天使は、もっと大好きです」
「離れたくないです」

私は天使に抱きつき、沢山泣きました。

　天使は、優しく私の目を見て、話してくれました。

「ずっと、あなたのこと、大好きです」
「ずっと、あなたのことを、空から見ています」
「だから、安心してくださいね」
「ずっと、あなたのことを見守ります」
「あなたが悲しい時、辛い時、私はあなたのそばにいます」
「本当に辛くなったら、私と話ができますよ」
「安心しましょう」
「あなたが選んだお母さんの、おなかに入る日ですよ」
「あなたが選んだお母さんは、あなたを愛してくれます」
「信じましょう」
「あなたは、お母さんのおなかに入って、大丈夫ですよ」
「あなたは、愛されるために、産まれるんですよ」
「あなたは、愛するために、生きるんですよ」
「私は、あなたを応援しています」
「だから、私を信じましょう」
「あなたなら、できます」
「お母さんのおなかに入って、お母さんに甘えましょう」
「お母さんに、話せばいいんですよ」
「お母さんは、あなたが、おなかに入ると、わかりますよ」
「さあ、勇気を出して、お母さんのおなかに飛び込みましょう」

　私は、天使の話をだまって聞いていました。

「本当は、天使と別れたくないです」
「だけど、ちょっとだけ、ほんの少し、お母さんと話がしたくなってきました」
「ちょっと不安だけど、お母さんの顔、近くで見たいです」
「今日は、天使と、別れの日」
「だけど、お母さんと、出会う日なんですね」

　私は、天使と別れることを、決めました。

　そして、お母さんと一緒にいることを、決めました。

「私は、お母さんのおなかの中で、どんなことが起こるか、わからないです」

　だけど、お母さんのおなかの中に、入ることにしました。

　私は、天使に話しました。

「今まで、一緒にいてくれて、ありがとう」
「私は、お母さんのおなかの中に、入ってきます」
「私は、ずっと、天使が大好きです」
「私のこと、空から、見ていてくださいね」
「私が空を見たら、手を振ってくださいね」
「私は、今から、お母さんの、おなかに入ります」
「行ってきます」

　天使は私の話を、優しく、温かい表情で聴いてくれました。

そして私に、話してくれました。

「いつも、あなたのことを、空から見ています」
「あなたが、幸せになれるように、応援しています」
「行ってらっしゃい」

　私は天使に抱きついて、抱きしめてもらいました。

　手をつないで、歩きました。

　最後に、握手をして、お母さんのおなかに入りました。

　お母さんに、話をしました。

「私は、お母さんに、決めたよ」
「お母さんに、決めたんだ」
「お母さん、私のことに、気がついて」

　お母さんは、私が、おなかに入ったことに、まだ気がついていません。

　だから私は、沢山、お母さんに、話をしていくことにしました。

「お母さんは、私のことを知ったら、どう思うんだろう」
「ドキドキする」
「私は、おなかの中で、お母さんの声を聞いているよ」
「あっ、お母さんの声が、聞こえる」

「お父さんと、話してる」
「お母さんが、誰と話しているのか、私は聞いています」
「お母さんの心の中の気持ちも、私は、わかります」
「お母さんが考えていることも、私は、わかります」
「お母さんが、ご飯を食べると、私も一緒に、ご飯を食べられます」
「良かった〜」
「私は、お母さんと一緒に、いろんなことを感じて、いろんなことを聞いています」
「私とお母さん、一緒に生きているんだね」
「私の声、お母さんに、聞こえるといいなぁ〜」
「まだ、お母さんは、私のこと、気がつかない」
「だけど私は、ずっと、お母さんのおなかの中から、話しているんだよ」
「私のお母さんは、お母さんだけです」
「お母さん、ご飯食べてくれて、ありがとう」
「お母さんが、ご飯を食べると、私は、大きくなれます」
「早く大きくなって、お母さんに、気がついてもらいたい」
「お母さん、大好きです」

　私は生まれる前、母のおなかに入る前、現世で生きることをこばみました。つらい前世の体験があったから、現世で生きると、つらいこと、大変なことがあるから、人間の欲求、きたない部分、見たくない世界も、見えてしまうから、天使に、だだをこねて、特別に、人間の悪い部分、ねたみや、うらぎり、短所など、見ないで生きることができるように、お願いしました。

真っ白なハンカチのまま、生きることを学ばせて欲しいと、お願いしました。だから、幼い頃から人間の良い部分だけが目に入りました。20代の頃の私は、年齢差関係なく、たくさんの友だちが欲しい、男女差関係なく、たくさんの友だちが欲しい、人類みな友だち、平和を一番に考え、誰からも愛されたい、誰をも愛したい、と、友だちになった人たちには話していました。

　でも、20代前半の頃、霊感が強くなり、無縁仏や怖い霊、悪魔、悪霊、死神が見えるようになり、２年間、魔の世界で、苦しく、いつも「死にたい」と思う毎日が、続きました。

　恐い２年間を過ごしている時に、右耳の手術をしました。手術後、守護霊や天上界の声が聴こえるようになりました。
　その後、結婚して、長男が10カ月の時に、また、右耳の手術をしました。
　３回目の右耳の手術は、次女が生まれて、生後３カ月の時でした。手術をするたびに、霊感は強くなり、右耳は天上界の声を聴き取る耳になり、左耳は、現世での聴力となりました。

　30代の時、天上界からのメッセージを受け取ることができて、自動書記をするようになりました。不動明王に呼ばれて、京都の鞍馬寺に、はじめて行ったことがあります。

　その時は、朝５時頃、眠っていた時に、鞍馬寺の山門が出てきて、私に「いらっしゃい」とメッセージがあり、私は飛

び起きて、母に「ちょっと、京都行って来る」とだけ言い、東京発、6時の新幹線で京都に行きました。鞍馬寺は行ったことがなく、はじめてでしたが、何故か道案内がいて、流れに流れ、鞍馬寺に着き、不動明王の仏像がある部屋、たましいが入っている部屋に案内され、その時にいた人たちは、人払いをされて、私ひとりと、不動明王の仏像だけになりました。たましいが抜け出て「よく来てくれた」と言われ、私の両手を不動明王の仏像の両手ではさんで、握りしめてくれるような感じになり、1時間くらい、いろいろなことを話しました。話し終わると、一般客が、たくさん入ってきました。

その時に私は、目で見えない力を、たくさんいただきました。

40代になると、天上界から降り注ぐ光が見え、まぶしくて、あたたかくて、メッセージをたくさん受け取ることができるようになりました。その頃、スイッチオン、オフができるようになり、とても楽になり、天上界に、素直に感謝できるようになりました。

50代になって、生まれる前のお願いが解除され、真っ白なハンカチに、黒い部分、人間のこころの、私が見たくなかったものを見せられるようになり、涙が止まらず、どうしていいのか、どう歩いて行けばいいのか、何をしたらいいのか、わからなくなりました。

現世の自分自身の短所、前世のたましいの、暗い部分、黒い影などが、見えるようになりました。

今は、現世での現実に、恐れず、向き合うことを決め、天上界に、天に、神と天使、守護霊に、ゆだねることを、決意しています。

第2話　父と母

　現在、父と母は現世の世界には、いません。
　他界しました。
　だけど、私は父と母の姿が見え、声が聴こえます。
　話が、できます。
　現世で生きている時も、大切に、大事に育てられ、愛されていました。
　でも、生きている時は、喧嘩をしたり、素直になれない時期もありました。
　だから、もしかすると、今の方が、良い関係なのかもしれません。

　私が40代の頃、母が手術をしました。私は立ち会い手術を希望しました。
　母が麻酔を受けると、麻酔がきいたころ幽体離脱をして、母が出てきました。母は自分の手術風景を、私と一緒に見て、子どものように、あちこち見て歩き、自由にしていました。
　手術が終わり、母は自分の身体に戻りました。麻酔がきれると母が目を覚まし、手術中のことを話すと、母はまるで意識がなく、記憶喪失で、幽体離脱した話をしても、そんなことしたのかと不思議そうにしていました。

母が突然、12月21日、救急車で運ばれ、連絡を受けて病院に向かうと、集中治療室の中にいるとのことでした。その扉が開くと、母が立って手を振って嬉しそうに笑って、「よく来てくれたねぇ〜」と言いました。その姿は、幽体離脱した母の姿でした。私は、こころの中で母と話しました。幽体離脱した母に、「早く自分の身体に入りなさいよ」「何やってるの」。
　私に怒られた母は、自分の身体に入りました。だけど、現世で生きることをやめ、他界することを決めて、

　　平成23年12月23日　79歳

現世での母との別れになりました。

　父が他界したのは、

　　平成25年10月23日　83歳

　父がこんなに母のことを好きだった、愛していたと知ったのは、母が亡くなってから。

　生きている時は、母のことを褒めたことなど、なかった気がします。
　それなのに、母が亡くなり、死に化粧をしてから「べっぴんさんや」と顔をなで、別れを悲しむ姿を見て、「生きている時に言ってあげれば、良かったのに」と、父に言いました。
　昔の人間だから、照れくさかったのかもしれません。
　今、私の目の前にいて、笑っています。

父が他界した理由は、母が大好きだったから。
　後追い自殺のような気がします。母の三回忌、施主だから「頑張ってね」と言っていたのに、母と月命日を同じ23日にして、計画的犯行のような気がします。
「母の三回忌を自分が施主でしたくなかった」と、父は言います。

　父は、母が他界した後、夜、母の写真の前で、お酒を飲みながら、母と話をして、よく泣いていたようです。
　悲しくて、淋しかったんですね。

　亡くなる前、会うたびに、「死ぬよ」「死ぬよ」と何度も言っていましたが、まさか亡くなると思わないから、話半分で聞いていました。

　きっと父は「引き寄せの法則」で、他界することを選択したんだと思います。
　父に聞くと、「そうだ」と言っています。

　私は死んだ人間、仏様と話をすることができるので、父の告別式の準備の時、父にいろいろ希望を聞くと、「あんぱんが食べたい」、お世話になった人たちに、生前大好きだった「あんぱんを、あげたい」、私は、父の願いをきいて、通夜と告別式に来た人たちに、あんぱんを配り、お棺の中にも、あんぱんを入れました。
　その時、顔のところには花がたくさん飾られ、あんぱんは、足元に置いてもらったんです。
　すると父は、

「焼きあんぱん、うまかったぞ」
「だけど、あんぱんは、顔の近くが良かった」
「足元に置くから、手を伸ばして取るのが大変だったぞ」
　と、思わず悲しい別れの時に、笑いが出ました。
　父は私が悲しい顔をしているので、笑わせたかったみたいです。
　火葬する時、お棺が中に入るときも、「よっ、行ってくるぞ」と、笑って手を振って、お棺の中に入りました。
　幽体離脱を楽しんでいるようでした。

　幼い頃から20代の頃は、霊感があることが嫌で嫌で仕方がなかったです。でも今は、他界した父や母と、いつでも話せるし、ケンカもできるし、すぐに助けてもらえるので、この力に、天上界に、感謝をしています。

　ありがとうございます。

第3話　ひいおじいちゃん

　私には、父方と母方の二人のひいおじいちゃんがいます。二人とも、信仰心の厚い心の持ち主で、私の守護霊です。
　母方のひいおじちゃんと初めて会ったのは、私が小学生の高学年頃でした。
　夏休みに、母と田舎に帰った時、母が、ひいおじいちゃんに「誰だか、わかる」と、声をかけると、すぐに母の名前を呼びました。「私は、すごい」と、心の中で、びっくりしたことを覚えています。何故なら、ひいおじいちゃんは、目が見えなかったんです。何年も会っていないのに、何で、わか

るんだろうって、子ども心に思ったものでした。その後、ひいおじいちゃんは他界しました。

現在、ひいおじいちゃんは、私を見守ってくれています。私が、何か、家の中で無くしてしまい、捜しても見つからない時には、すぐに甘えて、「おじいちゃん、捜してください」と、手を合わせてお願いすると、すぐに見つかります。本当に、いつも、感謝しています。どうもありがとう。

ひいおじいちゃん、今でいう占いや祈禱、マッサージをしていたようです。
だから、私は、おじいちゃんの力をもらい、こころの目が見えるようになりました。守護していただき、感謝しています。

もうひとりの父方のひいおじいちゃんは、不動明王を信仰して、お堂をつくり、お堂の中で修行をして、人々の平安を祈っていたそうです。
だから、私にも、不動明王様がついてくれて、今では無縁仏が乗ったとしても、すぐに取ってもらい、天上界へ、おくれるようになりました。
感謝しています。どうもありがとう。

私は天上界の光を浴びて、メッセージを受け取り、神様、天使、先祖に見守られ、現世、今を生きています。

生かされている命に感謝します。

第4話　夢

　私が幼い頃、朝方、夢を見ました。
「おじいちゃんが、死んじゃった〜」と泣きながら母に伝えて、話し終えた時に、電話が鳴りました。おじいちゃんが他界したことを、知らせる電話でした。

　私の高校受験当日、母方のおばあちゃんが他界しました。田舎では、他界しても四十九日までは、魂は現世にいると信じられています。
　おばあちゃんのお通夜の夜、子どもたちは、一緒に先に寝て、大人たちは、ろうそくの灯りと線香の火を、絶やさないように、起きていたそうです。
　その時、おばあちゃんの気配を、何度か感じたそうです。
　そして、朝起きると、母が、おばあちゃんの足跡を見せてくれました。
　何かというと、夜寝る前に、箱の中に砂を入れて、玄関の外に置きます。
　亡くなった、おばあちゃんに家に入っておいでと声をかけると、亡くなった人は家に入ることができて、足跡をつけてくれるそうです。それは、亡くなった人が、家に入ったよと知らせてくれるためだそうです。その話を寝る前に聞いていた私は、とても驚きました。砂の箱に、足跡がくっきりついていたからです。
　大人たちの話は、本当なんだ。
　おばあちゃんは、亡くなったけど、現世にまだいるんだと、思いました。
　亡くなったおばあちゃんの声と姿を初めて見たのは、

四十九日の頃だったのか、今では、よくわかりません。

夜、母と二人で、「死んだら、早いね〜」と言いながら、おばあちゃんの話をして寝た朝に、私の名前を優しく呼ぶ声が聴こえ、優しく「起きなさい」と、言ってくれるおばあちゃんの声が聴こえ、びっくりして目を開けると、母の後ろに、おばあちゃんが笑って私を見ていました。

「あっ、おばあちゃん」と言うと、同時に、おばあちゃんの声も姿も消えてしまいました。

第5話　浅野内匠頭長矩（あさののたくみのかみ）

私は播磨赤穂藩の第3代藩主、浅野内匠頭長矩である。江戸城・松の大廊下で吉良上野介に刀を出し斬りつけてしまい、お家をつぶしてしまった。

赤穂の土地は素晴らしく、海風が心地よく、塩もでき、赤穂の風は優しい。赤穂で暮らす民たちを、赤穂で仕えてくれた命を、私は、私自身の浅はかな行動で、お家をつぶしてしまった。申し訳ない。悔やんでも悔やみきれない。

40代の頃、私は催眠療法（ヒプノセラピー）ができるようになり、自分の過去、現世の過去、前世の過去へと退行するようになり、その時、私は浅野内匠頭だった。そして、吉良上野介は、現世で私の夫。だからなんだぁ〜ということが、結婚生活、何度もある。ここで話すには、まだ抵抗があるので、話せる話を話そうと思う。現世での「学び」は「許し」と、肌で、こころで、たましいで、実感する。

幼い頃から、父親も祖父も母親も、泉岳寺に私を連れて行

きたがる。あんまり行きたくない時もあったが、高校生頃から、祖父が来ると、私がいつも一緒に「泉岳寺に行こう」と、誘っていたような気がする。
　今、思えば、前世で、浅野内匠頭だったから。知らずに四十七士に会いに行っていたんだと、わかった。潜在意識の記憶がそうさせたのか、前世のたましいが、現世のたましいに教えたのか、「気づき」は、絶妙なタイミングで訪れる。

　50代になって、現世の赤穂の地へ行くことができた。感動だった。
　タイムスリップをした。最近のドラマの世界でよくあるようなことが、現実に起こった。現世で見える世界は、今の自分の目で見えるんだけど、もうひとつの世界が見える。町行く人たちが、江戸時代の着物姿に変わる。景色も、江戸時代になる。風も城も街並みも。みな、タイムカプセルで来たようになる。不思議な世界。赤穂の城に入る前、いろいろ見える。私の頭の斜め上あたりで、映画のように映像が流れる。四十七士の像の前で、私は、ひとりひとりの、たましいに、声をかけ、詫びる。涙を流し、詫びる。「申し訳ない」「すまん」と思う気持ち。お家をつぶし、家族を崩壊させ、今で言うと、会社が倒産。それも一夜にして。何の前ぶれもなく、いきなり、お給料を払えなくなり、一家を路頭にまよわせる。そして、仇討などと言って、大切な命まで奪ってしまった。私の短気な性格、浅はかな性格、ゆっくり、じっくり、考えられなかった。
「申し訳ない」「すまん」「私のために、大切な命を投げ捨ててくれた」「ありがとう」「わたしに、よく、つかえてくれた」「ありがとう」

東京の泉岳寺にも、退行して、浅野内匠頭だったとわかってから行った時、はじめて四十七士の墓の前で話をしながら、涙を流し、詫びて、感謝をして、礼を言った。現世のたましいではなく、前世のたましいが顔を出して、話す。

　吉良は、前世でひどかった。今の言葉で言うと、うそつき。ずるがしこい。ごますり。自分より身分が低いと思うと、あからさまに態度が変わる。
　私は吉良にとって、ストレス解消の道具だった。吉良が上から注意を受けたり、しかられたりすると、必ず私に何もしていないのに、いちゃもんをつけて、不愉快な気持ち、気分にさせられた。どうして、こんな人間がいるんだ。
「死ねばいい」「殺してやりたい」と思うようになってきた。だが実行することは、できなかった。
　吉良が私に対して、今で言う「いじめ」をした。上から聞いた連絡事項を、下に教えない。私は、当然何も知らない。恥をかく。他の人から教えてもらうことが何度もあった。そのうち、声もかけられず、挨拶しても挨拶されず、冷たい態度が苦しかった。

　だからと言って、決まりを守らない私が悪い。弁解もできない。
　してはいけないのだが、あの日は、吉良が私に、すれ違う時に私が怒ることを知っていて、カッとなることが、わかっていることを、私の耳に告げられたから、とっさに「このやろう」という感情がおこり、気がついた時には、刀を出し、切りつけて、とり押さえられていた。というのが、現実。

あの時、なぜ吉良を殺すことができなかったのか。
　無念だ。だが、私は、今で言う社長。なのに、社員の命を奪い、私の身勝手な行動で、本当に、申し訳ないことをした。詫びても詫びても、詫びきれない。許してくれ。

　天上界は、前世のたましいの罪は、もう、手放していいと言ってくれる。もう苦しまなくていい、と、教えてくれる。
　しかし、浅野内匠頭の、たましい、気持ちは、深く重く、涙を流す。このたましいを浄化させ、天上界におくることが、現世での私の役目なのかもしれない。

　もう少し、ゆっくり、前世の話を聴いて、すっきりさせよう。

　たましいは、光。大切な命だから。

第6話　光のメッセージ

あなたは　愛されています
あなたは　守られています
あなたは　幸せになる価値のある存在です

第7話　心をあたためましょう

2010.10.26.(火)　0:35
もう　あなたは　迷わなくていいのですよ
まっすぐに　光る道を　歩みましょう
もう　手放していいのですよ

前世の過去　現世の過去
全てを　解放しましょう
パッと　両手を　広げればいいのです
形あるものは　消えます
肩の力を抜いて　重い荷物は　下ろして
本来の　あなた自身に　戻りましょう
あなたは　光です
ただあるのは　光のみ
キラキラ輝く光の子
宇宙と光は　ひとつ
満月の日に見せた剣は
過去を断ち切ることのできる　剣です
あなたに　七色の剣を　授けました
人々の悲しみ　怖れ　怒り
感情の念を　断ち切ることが　できます
まっすぐに　伸びた　１本の光線は
エネルギーを注いだ　証しです
あなたは　これから　ゆっくりと　動き出します
怖れずに　恐い者など　ありません
しっかりと　前を見て　歩けばいいのです
あなたが　欲しがった　サイババと　同じ力を
授けましょう
これから　あなたの　まわりに　何千　何万
何億と　人が　集まるでしょう
心配しなくて　大丈夫です
私たちが　あなたを　守ります
あなたは　守りの光の中で　進めばいいのです
何もかも　うまく　いきますよ

あなたが　望むものが　現実となります
私が　欲しいもの
子どもたちの　人間関係が　心穏やかな
温かい　関係となりました
ありがとうございました
子どもたちの　教育費用を　ポンと
楽に　簡単に　支払うことが　できました
ありがとうございました
私の収入が増え　経済的ゆとりで
欲しい物を　我慢せず
楽に　手に入れることが　できました
ありがとうございました
私の心　身体が　癒やされ　愛されました
ありがとうございました
私のまわりの人　世界中の人が
笑顔で　幸せに　暮らせました
ありがとうございました
光セラピーの　メッセージ本が
全国出版されました
ロングセラー作家　ベストセラー作家となりました
全国　各地　海外　各地で　講演しています
ありがとうございました
私の年収は　1千万から　1億　そして10億
100億　1000億と
長者番付に　名前が載りました
光セラピー基金を　創り
聴導犬　盲導犬の　団体に募金を贈り
喜ばれました

日本　世界中の　子どもたちのために
光セラピー基金の　お金が　使われ
学校を　作ったり　仕事ができる場所を
作ったりしました
ありがとうございました
私の夢　夢は　現実となりました
ありがとうございました

10.26.㈫　1:09

第8話　もう　言っても　ムダなんだ

10.26.㈫　7:12

自分で　変わろうと　思わない限り
変われないんだよ
本人が　変わろうと　思う気持ちになるまで
だまって　待つしか　ないんだよ
目の渇きは　心の渇きでも　あるんだよ
過去を　手放し　未来を　つかみましょう

7:19

第9話　やるべきこと

11.1.㈪　9:16

あなたには　あなたの　やるべきことが　あるのですよ
心の声を　聴きましょう
おのずと　進む道が　開きます
より　はっきりと　見えてきます
あせらなくて　いいですよ

今は　大切な時です
ゆっくり　進みましょう

第10話　降り注ぐ　光の中で

　　　　　　　　　　　　　　　　11.1.(月)　9:20

あなたは　輝きます
自分を　信じましょう
一番　信じてあげる人は
他の　誰でもない
自分自身なんですよ

　　　　　　　　　　　　　　　　11.1.(月)　9:38

あなたに　降り注ぐ光は
まっすぐに　注がれています
温かい　光は　あなたを　癒やします
あなたは　守られています
心配しないで
大丈夫だよ
安心してね

第11話　空には

　　　　　　　　　　　　　　　　11.1.(月)　9:54

空には　空の音が　あるんだよ
空の色　空の音　空のリズム

肌で　感じる　感覚
大切にして
冷たい風
冷たく　感じる　空気
気の流れにも　意識を　集中するといいよ
大気は　流れている
その大気を　つかむと
波に　乗れるよ
波が　来るまで
ゆっくり　待っていれば　いいんだよ
心を　静めると
どんな　波が　来るのか　来ているのか
わかってくるよ

第12話　優しい光

11.1.(月)　11:22

あなたは　優しい　光に　包まれています
愛の光です
目を閉じて　深呼吸をしましょう
心が癒やされます

第13話　心の目

11.2.(火)　11:49

心の目で　見ましょう
心の目で　見れば　愛は　わかります
心の目で　見れば　癒やすことが　できます

心の目とは　あなた　そのものです
あなたは　大切な光
あなたは　大切な光の子
光は　命を　与えられ　生かされます
人形だった　ピノキオが
命を　吹き込まれ　動きだし
ついには　生かされ　動き出します
あなたも　自由に　動けば　いいのですよ

第14話　恐れ

　　　　　　　　　　　　　　11.2.(火)　15:08

恐れを　手放しましょう
温かい　光が　あなたに　降り注いでいます
目を　あたためましょう
心の目も　あたためましょう
あなたは　安全で　安心できる　場所にいます
深呼吸をしましょう

　　　　　　　　　　　　　　11.2.(火)　15:35

ホットタオルで　目を　あたためると
心の目が　癒やされます
胸が　キュンと　なります
「どうしたの」と　あなたの
インナーチャイルドの声を　聴いてあげましょう
つらかったね

大丈夫だよ
もう心配しないでいいからね
安心して　大丈夫だよ

第15話　ゆだねる

11.2.(火)　15:39

恐れを　神と天使に　ゆだねれば　いいんだよ
恐れを　手放さないで　溜め込んでいると
せっかく　光り輝く　まぶしい光が　降り注いでいるのに
全部　あなたの心に　入らないで
こぼれてしまうんだよ
心の中のコップに　溜め込んだ
恐れを手放し　吐き出しましょう
あなた自身に　恐れを　手放す　許可をしましょう
手放していいんだよ
不安にならないで　いいんだよ
今　あなたは　安全で　安心な
守られた　場所にいます
過去の恐れを　手放しましょう
あなたは　一人ぼっちじゃないからね
あなたの　周りには　沢山の愛が
満ち溢れています
愛に感謝をして　受け取っていいんだよ
あなたは　小さな小鳥のように
温かく　守られています
どうぞ　羽ばたいて下さい
あなたは　飛べますよ

あなただから　できる
あなたが　やりたいと思うことを
心から　望むことを　考えましょう
あなたの　未来の　光の多い道ですよ
不安を　手放し　自信を　持ちましょう
神と天使は　あなたの味方です
未来を光り輝かせるのは　自分自身です

第16話　朝日

11.5.(金)　7:38

朝日を　浴びましょう
日の光は　生命エネルギーの源です
生きる力を　たくわえましょう

11.5.(金)　11:10

大丈夫だよ
あなたは　守られているから
あなたが　見たものは　正夢です
そうなってほしくないものは　ならないですよ
心配しなくて　いいですよ

11.8.(月)　12:10

あなたは　一人ぼっちじゃないからね

あなたは　嫌われていないよ
ずっと　我慢していた　心を
解放できて　良かったね
一人で　淋しかったね
つらかったね
もう　大丈夫だよ
安心してね

　　　　　　　　　　　11.8.(月)　12:19

あなたは　愛され　守られています
大丈夫だよ

　　　　　　　　　　　11.9.(火)　0:22

自分自身を　認めてあげましょう
あなたは　素晴らしい存在です
あなたの　感情は　あなたのものです
ネガティブな　感情も
ポジティブな　感情も
全て　あなたのものです
うそを　つかないで　いいからね
素直に　正直に
温かく　あなた自身を
受け入れ　守って　あげればいいんだよ
必ず　光は　見えるから

あなたの　感じる　心を　大切にしましょう

第17話　心の中

11.12.㈮　14:31

心の中を　素直に　表現すれば　いいんだよ
あなたは　素晴らしいんだよ
あなたの光は　輝いているよ
人と比べることの　できないくらい　素晴らしい命
あなたの命は　あなたが　輝くためのもの
遠慮しないで　いいんだよ
自信を持って
あなたの　心に　耳を　澄まして
聞いてあげましょう
聴こえてくるでしょう
あなたは　大丈夫だよ
このまま　進んでいいからね
あなたの　優しい心
あなたの　あたたかい　心

第18話　大丈夫

大丈夫だよ
全て　うまく　いっているからね
心配しないで　いいからね
安心してね
あなたは　いつも　守られているんだよ

つらかった　出来事
淋しかった　出来事
よく　頑張ったね

今は　ゆっくり　休めば　いいんだよ
安心して　眠りにつけば　いいんだよ

あなたが　眠っている時も
あなたの　そばで　神と天使は
あなたを　守り　続けているからね
目覚めた時には　すっきりしてるでしょ
もし　不安のままだったら
ゆだねて　ごらん
身も　心も　神と天使に
あずけて　ごらん

宇宙は　あなたを　とりまく　環境を
変える　準備を　しているんだよ

全て　うまくいっていると
信じて　ごらん

あなたの　環境
あなたの　まわりの　大気が
変わってくるよ

時の流れに　身をまかせて　ごらん

なるように　なるんだよ

あなたの人生は　あなたが　創造して
いいんだよ

どんどん　自分のための　人生を
創造して　ごらん

何もかも　うまく　いくからね
目を　閉じて
大きく　深く　ゆったりと
深呼吸して　ごらん

あなたは　温かな　光の中に
安心で　安全な　空間の中に
いるからね
吐くときに　あなたの　いらない　感情を
手放して
吸うときに　あなたの　必要な
光エネルギーが　降り注いで　いるからね

感謝して　受け取れば　いいんだよ
宇宙は　無限大だよ
安心して　受け取って　いいからね

自分を　責める　必要は　ないからね
自分を　責めると　心も　身体も
傷つくんだよ

そんな　必要のないこと　しなくて　いいんだよ

あなたは　何も　悪くないからね

あなたは　愛されるために　生まれて　きたんだよ

あなたは　幸せになるために　生まれて　きたんだよ

自分自身の　思考で　責めないで
宇宙は　あなたを　守り
導いているんだよ

ゆったりと　リラックスして
あなたの　心の　状態を　観察してみましょう

あなたは　守られた　光の中で
温かく　包まれて　いるからね

全ての出来事は　あなたに　必要だから
目の前に　現れます

ゆっくり　安心して　落ち着いて考えれば
いいんだよ

自分の道は　自分で　選択できるんだよ

あなたが　喜ぶこと
楽しいと　思うことを

選んで いくと いいよ

無理する 必要は ないからね

素直な 心で 選べば いいからね

ありのままの あなたは 何を 選ぶのかな
無になって
心のままに
時の流れに 身を まかせて ごらん

肩の力を 抜いて リラックスして
大きく 深く ゆったりと
深呼吸 しましょう

あなたの 本来 やるべきこと
やりたいことが 見えますよ

ゆっくり 考えて いいからね

見えてきたら 進めば いいからね

それまでは 好きなことを してごらん

きっと 幸せな 時間を 持てるよ
あなたは 輝いているよ

第19話　淋しくなったら

11.12.(金)　15：44

心の中が　ちょっぴり　淋しくなったらね
考えてごらん
あなたの　そばに　守っている　光が　いることを
感じて　ごらん
感じられないとしても
あなたを　温かく　見守っている存在が
いるからね
あなたは　一人じゃないよ
一人じゃないからね

第20話　一歩

11.15.(月)　1：05

自分で　自分を　しばらないで　いいんだよ
自由に　動いて　いいんだよ
一歩が　踏み出せない時は
立ち止まって　いいんだよ
目を　閉じて
どっちの　道が　いいか

ゆっくり　考えれば　いいよ

風を　感じて
風に　行き先を　聴いても　いいよ

風が 教えてくれるよ

自分が 決めて いいよ って
聴こえてくるでしょ

心のままに

心が 進みたい 道を 進めば いいんだよ

第21話 身体の不調

11.15.(月) 1:13

身体の 不調を 感じたら
どの部分 どの箇所が
どんなふうに 痛いのか
どんなふうに 不調なのか
目を閉じて 自分自身に 問いかけましょう

貴方自身の 心の叫びを 受け止めて あげましょう

潜在意識の あなたは 答えを
知っています

その 原因が 何であるか

「悲しみ」「恐れ」「怒り」を
自分自身の オーラの中で 吐き出しましょう

自分自身を　温かく　優しく　抱きしめるように
話を　聴いてあげましょう

本当は　どうして　欲しかったのか？

あなた自身の　心に　聴いてあげ
ねぎらい
いたわり
優しく　包んで　あげましょう

無理しなくて　いいからね

大丈夫だよ

安心してね

あなたの　そばに　あなたを　守っている
ガイドが　います

一人で　頑張りすぎないで
いいからね

ゆっくり　歩けば　いいからね
時には　立ち止まって　いいんだよ

ゆっくり　深く　深呼吸しましょう

あなたの　光は　素晴らしい　光だからね

自分を　責めないで　いいからね

あなたは　今　いる

生きている

光の子ども　光なんだよ

着飾らない　あなた自身が　素晴らしい
存在なんだよ

大切な命　大切な心と　大切な身体
不都合が　出たら　辛いよね

頑張らなくて　いいからね

あなたは　ありのままの　あなたで　いいからね

ありのままの　あなたが　素晴らしいんだよ

第22話　朝の陽ざし

11.15.(月)　8:13

朝の陽ざしは　エネルギーの　陽ざしです
パワースポットは　目の前に　あります
朝の澄んだ　空気を　吸いましょう

11.15.(月)　14:20

あなたは　愛されています
あなたの　傷ついた　心を　癒やしましょう

第23話　安心

....

11.18.(木)　15:19

あなたが　そこに　いるだけで
安心します
あなたは　愛されています
あなたは　守られています
あなたの　周りの　優しさを
肌で　感じ　感謝しましょう

11.18.(木)　15:23

あなたを　信じます
あなたの　生き方は
全て　正しいです

11.18.(木)　15:33

悩みは　祈りの　ひとつの　形で　あることを
念頭に置き

自分が　望むことのみを　祈る
もう大丈夫だよ
安心してね

第24話　弱い自分

11.21.(日)　1:21

弱い自分を　見せましょう
あなたは　我慢しすぎるんだよ

もう我慢しなくて　いいんだよ

もっと　甘えて　いいんだよ
無理　しなくて　いいんだよ

もっと　素直に　なっていいんだよ

泣きたい時に　泣いて
笑いたい時に　笑えば　いいんだよ

怒りや　不安な気持ちも

自分ひとりで　解決しようと　しなくて　いいんだよ

あなたを　愛している人は
あなたの　周りに　沢山いますよ

もっと　素直に　甘えて　いいよ

もっと 自分を 出して いいよ

第25話　願望

11.21.(日)　1:46

あなたは　恐れではなく
願望に　集中しましょう
身体は　愛にも　恐れにも
瞬時に　反応します

愛を　選択しましょう

本物の愛情と　祝福を　細胞の
ひとつひとつに　注ぎ込みましょう

あなたと　他者のために
完全な　健康を　イメージしましょう

万事うまくいっていると
宣言しましょう

完全な健康を　表現する言葉で
自分や　最愛の人のことを　語りましょう

第26話　ありがとう

11.21.(日)　1:53

あなたに　会えて　良かった

ありがとう
あなたと　会えて　嬉しいです
あなたと　話せて　良かった
あなたは　素晴らしい光の
持ち主です
今日も　楽しい　一日を　ありがとう

11.24.㈬　14:34

心を　楽に　しましょう

11.24.㈬　16:03

あなたは　あなたのままで　いいんですよ
無理しないで
背伸びしないで
あなたは　そのままで　充分　素敵ですよ

第27話　自由

11.29.㈪　15:43

あなたは　自由で　いましょう

あなたは　自由で　いましょう

がんじがらめに　なる　必要は　ありません

あなたは　素晴らしいですよ

あなた自身を　認めましょう

心配しなくていいですよ

あなたの道は　確実に　光っています

恐れを　手放しましょう

時は　すでに　準備をしています

あなたは　安心して　歩いていきましょう

必要のない　時間など　ありません

全て　あなたにとって　必要な
大切な　時間です

安心して　進みましょう

第28話　安心しましょう

11.29.(月)　15:52

あなたの　心は　美しいですよ
自分を　卑下しなくて　いいのです

あなたは　愛に　満ち溢れています

人との関係で　学ぶことは　あります

しかし
あなたの　純粋な心は　そのままでいましょう

空を　見上げましょう

自然を　感じましょう

宇宙は　あなたに　絶えず
メッセージを　贈っています

あなたの　光を　信じましょう

あなたは　守られています

安心しましょう

第29話　黄金のカード

11.29.(月)　16:06

あなたは　黄金のカードを　ひきました
黄金の剣も　添えられています
あなたを　守ってくれています
あなたの　願望　望みは　叶います
あなたの　心を　解き放ちましょう
全て　うまく　いきますよ
信じる力が　あなたを　導きます

11.29.(月)　16:09

自分自身を　責めるのは　やめましょう
あなたは　何も　悪くないのです
心が　傷んだら　自分自身を
癒やしましょう
自分自身を　愛しましょう

愛すべき人は　あなた自身です
愛することで　周りの　愛を受け取れます

愛に　感謝をしましょう
あなたは　愛すべく　愛される人です

第30話　信頼

11.29.(月)　16:15

信頼しましょう
　今　あなたの目の前に
　心に　浮かんだ人を　信頼しましょう

11.29.(月)　16:19

心のままに

心で感じる　あなたの素直な心を

大切にしましょう

　　　　　　　　　　　　　　　　　11.30.㈫　7:20

あせらなくて　いいですよ
あなたには　あなたの　やり方が　あります
無理しないで　大丈夫ですよ
ゆっくり　進めば　いいんですよ

　　　　　　　　　　　　　　　　　11.30.㈫　7:25

夢は　追いかけるものではなく

ついてくるものです
自信を　持ちましょう

第31話　今日

　　　　　　　　　　　　　　　　　11.30.㈫　7:26

今日できることは
今日　やりましょう
あなたは　素晴らしいです
あなたの　光は　輝いています
人と比べず

自分自身と　向き合いましょう

11.30.㈫　7:29

あなたを　支えてくれる人は
沢山います
感謝をしましょう

笑顔は　幸運を　運びます
笑顔で　挨拶しましょう
あなたの　周りは
笑顔で　いっぱいです

第32話　黒い影

11.30.㈫　7:32

あなたの心に　黒い影を　感じたら
あなた自身が　傷ついています
自分を　責めないで
温かく　あなた自身を　癒やしましょう
睡眠　食事　しっかり　取りましょう
朝の空気は　澄んでいます
窓を開けて　新鮮な空気を
取り込みましょう
あなたの　心　細胞の　ひとつ　ひとつを
清めてくれます
あなたを　取り巻く　環境は

必要だから　あります
何を　感じるか
心に　聴いてみましょう

第33話　自分の手

11.30.(火)　7:42

身体の不調を　感じたら
自分の手で　癒やしましょう
人間の力は　素晴らしいです
自然治癒力が　働きます
例えば　おなかが　痛い時
手で　おなかを　さすりましょう
おなかが　何を　感じているか
あなたの　おなかに　聴いてみましょう
きっと　教えてくれます
あなたの心の叫びを　聴き取り
受け入れ　認め
つらかったね
大丈夫だよ
私が　守るから　安心してねと
声を　かけましょう
あなた自身の　力を　信じることで
あなた自身が　輝きはじめます

第34話　愛されています

11.30.㈫　7:58

あなたは　守られ
愛されています

大丈夫だよ

安心してね

あなたの　そばに
あなたを　見守っている
守護天使が　います

優しく　ほほえみましょう

あなたの　周りは
幸せが　いっぱいです

目の前の　幸せを　感じましょう

目を閉じて
大きく　深く
ゆったりと　深呼吸をしましょう
あなたの　光が　輝きます

第35話　輝く道

12.2.㈭　7:39

大丈夫ですよ
あなたの　抱えている問題は
すでに　解決しています
たとえ　今　何も　わからないとしても
空から　見ると
あなたの　輝く道が　見えています
心配しないで
自分を　信じて　歩いていきましょう
あなたが　どこにいても
あなたの光（魂）は　見えています
安心して　下さいね

第36話　癒やし

12.2.㈭　7:50

人を　癒やしましょう
あなたには　その力が　あります
自分を　信じましょう
まず　一番に　やることは
あなたの　心を　癒やしましょう
人は　知らず　知らずに
傷つき
羽が　飛べない　状態に　なっています
自分自身と　向き合い
心を　解放しましょう

気がついた　その時から
一歩　前へ　進んでいます

第37話　心の扉

12.2.㈭　7:55

心の扉は
自分で　自分の意思で
開くことが　できます
他の　誰が　何を　言っても
変わりません
自分が　変化を　求めた時に
変わります
あなた自身の　心の準備が　あります
安心して　大丈夫です
自分のリズム
スピードが　あります
無理しないで
自分自身の　心を　あたため
優しく　包んで　あげましょう

第38話　光を　浴びましょう

12.2.㈭　8:11

光を　浴びましょう
新鮮な　空気を　吸いましょう
あなたには　生きる　意味
目的が　あります

人と比べず
あなたの持っている　素晴らしい
光を　輝かせましょう
あなたの　好きなこと
得意とする分野に　力を
注ぎましょう
あなたが　気がついていない
光は　もう　輝いています
自信を　持ちましょう
あなたの　輝かしい未来が　あります

第39話　浄化

12.3.(金)　8:05

心の浄化
雨　風は　あなたの心　光（魂）の浄化を　手伝います
神と天使に　ゆだねましょう
あなたは　悩む　必要など　ないのです
あなたは　守られています
あなたは　愛されています
大丈夫ですよ
安心して下さいね

第40話　天使

12.4.(土)　7:59

どんなことが　起きようとも
あなたに　寄り添う　天使は

あなたを　守っています
悩みを　手放しましょう
手放すことで　夢や　希望が
現れます
あなたの　悩みは　自分自身の　中から
創り出したものです
もう　すでに　解決しています
安心して　進みましょう
あなたが　乗り越えることのできる
問題が　目の前に　ありました
乗り越えたことで
あなたは　ひとつ　優しさが　増えました
あなたが　あなたらしく　光り輝く
未来は　目の前に　あります
今ある　目の前の　幸せに
目を　向けましょう
あなたは　一人では　ありません
あなたを　支える　人が　そばに　います
今　浮かぶ人が　あなたを　愛しています
信頼して　大丈夫です
あなたの　課題　問題は
生まれる前に　あなたが　自分で
決めたものです
あなたは　一歩　一歩　進んでいます
全ては　守りの光の中で　進められています
悲しむ　必要など　ありません
不安になったり　イライラ　怒ったりする
必要もありません

朝日を　浴びましょう
新鮮な　空気を　身体の中に
取り込みましょう
あなたの　あるがままの姿が
美しいのです
あたたかい陽を　浴びましょう
あなたの光（魂）が　喜びます
睡眠中に　あなたは　神と天使と
話しています
あなたの答えは　潜在意識の中に
入っています
あなたの　心の動き　感性に
目を　向けましょう
あなたの　考えを　そのまま　進めましょう
あなた自身を　癒やすことで
天上界からの　メッセージが
どんどん　入りやすくなります
天上界からの　メッセージは
全ての人に向けて
光と　共に　降り注いでいます
特別な人だけでは　ありません
あなたが　心を　無にして
手を　合わせれば　メッセージは
潜在意識の中に　入っています
あなたの　感じる力を　信じましょう
あなたは　ありのままで　素晴らしい
存在です
生かされている　命を　大切にしましょう

第41話　心が　乱れている時

12.4.(土)　8:25

心が　乱れている時は
戸外に　出かけましょう
戸外の　空気を　吸うことで
あなたの　身体は　リフレッシュされます
自然の美しさ　エネルギーを
感じとりましょう
あなたに　パワーを　与えてくれます
自然界の　メッセージは
あなたの心と　身体を　癒やしてくれます
あなたは　愛の光の中に
包まれています
安心して下さいね

第42話　守られています

12.4.(土)　8:31

あなたは　守られています
あなたは　愛されています
あたたかい　光は　あなたの　心と　身体を
癒やします
どんなことが　起こっても
あなたは　守られています
安心しましょう
過去の自分自身を　許しましょう
過去の出来事で　溜め込んだ　感情を

自分のオーラの　中で　吐き出しましょう
吐き出すことで　心が　軽くなり
天上界からの　愛の光エネルギーを
受け取りやすくなります

第43話　無理しなくていい

12.6.(月)　0:05

無理しなくて　いいんだよ
自分のリズムで　動いて　いいんだよ
立ち止まって　いいんだよ
あなたを　いつも　愛しているよ
心配しなくて　いいからね

12.6.(月)　0:08

自分の力を　信じましょう
あなたが　気がついていない
力が　まだ　眠っているよ
神と天使に　甘えてごらん
あなたを　守っているからね

第44話　学ぶ課題

12.6.(月)　8:32

あなたには　あなたの学ぶ　課題が
あります

全ては　絶妙なタイミングで　起こります

人との　出逢いは
ソウルメイトとの　出逢いです
今のあなたに　必要だから
目の前に　現れます
感謝しましょう

感謝の気持ちが
あなたの心を　癒やし
新鮮な　必要な
気づきが　訪れます
光からの　メッセージを
あなたに　贈ります

第45話　許しましょう

12.7.(火)　1:56

他人　人は　勝手なことを　言う
気にしなくて　いいですよ
相手に　対して　敵意を示す言動は
その本人が　傷ついているからです
哀れな　人間だと　思い　許しましょう

12.7.(火)　1:59

ねたみは　自分に　ないものが

他人に　あると　思うから
起こる　現象です
自分が　かわいいから
自分さえ　よければと　思うから
相手を　思いやる　気持ちは
自分が　豊かでないと　持てません
優しい言葉は　かけられないでしょう

第46話　尊重しましょう

12.7.(火)　2:02

人の心に　ズカズカ　入り込むのは
タブーです
相手を　尊重しましょう
そして　相手を　尊重する前に
自分自身を　尊重し　愛することで
他者からも　その　オーラの　波動により
尊重され　愛されます
他者から　攻撃を　受ける時は
あなたが　弱っている時です
自分に　自信を　持てば
オーラは　輝きます
オーラが　輝けば
はねかえす力が　芽生えます
ご自身を　責めないで　いいのです
あなたは　ありのままで　素晴らしい存在です
あなたは　いつ　いかなる時も
愛され　守られています

第47話　感じるままに

12.8.(水)　10:20

人の言動に　振り回されないで　いいのです
あなたの心に　素直に　向き合って
あなたの　感覚が　感じるままに
表現すれば　いいのです
どれが　正しいと　いうものは
ありません
あるのは　感じる感覚　心
あなたが　あなた自身の　心が
躍るもの　喜ぶものが（を）
表現しましょう
あなたは　あなたのままでいいのです
人のまねなど　必要ありません
光のメッセージの　感じるままに
集中しましょう

第48話　光る道

12.8.(水)　10:27

人生は　人のために　あるのでは
ありません
あなたの　人生は　あなたのものです
あなたのために　あなたが　選択しながら
自分の　光る道を　歩いていけば
いいのです
あなたが　心　穏やかに

過ごせる道を　歩めば　いいのです

　　　　　　　　　　　　　　12.8.㈬　10:33

私は　私　あなたは　あなた
自分自身を　受け入れ　認めましょう
自分自身を　愛することで
あなたの　オーラが　輝きます

第49話　信じましょう

　　　　　　　　　　　　　　12.8.㈬　10:45

人は　それぞれ　生きています
意識レベルの　違いが　あります
人に　合わせる　必要は　ありません
あなたが　受け取る　メッセージは
あなたのものです
あなたが　どんなふうに　使うかは
あなたが　考え　あなたのしたいように
行えば　いいのです
魂レベルの　高い存在との
出逢いが　待っています
恐れず　安心して　進めばいいですよ
あなたは　ありのままで　素晴らしい　価値があります
自分を　信じましょう

第50話　感性

12.10.㈮　10:16

感じるままに
あなたの　感性は　豊かです
恐れないで
認めてもらおうと　思うのではなく
あなたが　感じるままに
心が　躍る
心　ハートが　喜ぶ
感覚　感性を　見つめましょう
あなたが　生き生きと　生きれば
周りも　生き生きと　活性化されます
ハートの　感じるままに
ハートを　大切にしましょう

第51話　愛の光

12.10.㈮　10:57

あなたの　目の　緊張を　解きましょう
目の周りを　マッサージしましょう
めがねを　はずしましょう
見ようとするのではなく
ハートで　感じる　光を　見つめましょう
宇宙には　あなたが　創造できない
限りない　パワー　エネルギーが
あります
奇跡は　信じる　光です

願いは　天に　通じています
あなたに　降り注がれる　光は
多大な　愛です
愛が　あふれています
限りない　愛の光を　信じましょう

第52話　空間

12.10.(金)　11:54

風通しの良い　空間
楽しいこと
ウキウキ　ワクワクすること
ハートが　喜ぶこと
感じるままに
生き生きと　楽しく　過ごしましょう
あなたの　光が　輝きを
増します

第53話　安心しましょう

12.12.(日)　8:16

あなたが　どんな　心の状態の　ときでも
いつも　同じように　愛の光エネルギーは
降り注いでいます
だから　大丈夫ですよ
あなたは　いつも　守られています
光の前では　どんな人も
光の子ども

本来の　あなたは　いつも
光り　輝いていますよ
安心しましょう

第54話　真の光

12.12.㈰　8:43

あなたは　あなたのままでいい
あなたは　自分を　責めたり
自分を　卑下したり
でも　もう　そんな　作業は
必要ないですよ
あなたの　光は　素晴らしいです
真の光
心の奥に眠る　あなたの光
それは　とても　キラキラと　輝いています
深呼吸しましょう
あなたの　ハートを　大切にしましょう
あなたは　ステキな　光です

第55話　命

12.12.㈰　8:50

持って　生まれた　光は
かけがえのない　命
ひとつ　ひとつが　とても　大切な命
この命は　天から　授けられました
あなたが　現世で　幸せになるために

あなたの　光は　あるのです
つらいこと　悲しいこと
逃げ出したくなる　出来事
それは　あなたを
今よりも　もっと　もっと
愛の深い　慈しみの　深い人へと
学ぶ　ステップ
あなたの　体験は　あなたが
輝きを　増し　より深い　優しさ
愛を　深めるための　学びです
あなたの　清らかな　心は
輝いています
あなたの　澄んだ　心は
涙とともに　浄化されます
太陽の光　月の光は
あなたの　エネルギーを　強くします
エネルギー　チャージ　しましょう
十分な　エネルギーは
あなたを　元気にします
ハートが　動く
ハートが　躍る
感じる　感覚を　大切にしましょう
あなたは　より　いっそう
輝きます

第56話　直感

12.17.(金)　10:53

失敗を　恐れないで
あなたは　大丈夫です
過去の　失敗を　手放しましょう
あなたは　守られています
あなたの　直感を　信じましょう

12.17.(金)　10:56

あなたは　愛と慈しみを　持った　人です
あなたの　中にある
ネガティブな　感情は
あなたにとって
必要のない　感情です
傷ついた　過去の心を　癒やしましょう
癒やすことで
過去の　感情を　手放すことが　できます

第57話　創造しましょう

12.17.(金)　11:10

執着している　感情を
解放しましょう
ハートが　楽になります
手放すことで　ハートが　軽くなります

空いた　スペースに
あなたに　必要な　愛の光
エネルギーが　ふんだんに
降り注がれます
あたたかい　光の中で　癒やされます
あなたが　安心できる　色を
想像しましょう
その中で　ゆったりと
深呼吸を　しましょう
心　ハート（魂）が　穏やかになるでしょう

第58話　本来の光

12.17.㈮　11：26

風の動き
草木の揺れる音
耳を　傾けましょう
自然界の　織りなす　風景
景色を　肌で　感じましょう
視覚　聴覚　体感覚に
感謝しましょう
あなたの　身体　能力は
とても　素晴らしいです
あなた自身を　ほめて
あげましょう
あなたの　ハートが　感じるままに
身を　ゆだねましょう
あなた　本来の光が　輝きを増します

第59話　愛に感謝

12.29.(水)　10:16

あなたは　ひとりぼっちじゃないですよ
あなたの　まわりには
あふれるほどの　愛が
たくさん　あります
愛に　感謝しましょう
愛に　目を　向けましょう
降り注ぐ　光は
あなたに　たくさんの　幸運と
愛の光　エネルギーを　注いでいます
あふれる　愛の中で
暮らしています

第60話　気づき

12.29.(水)　10:20

今まで　気づかなかったことが
突然　わかる　ときが　あります
あなたに　必要だから
学んだことに　気づきました
心配しないで
感じるままに
歩けば　いいんですよ
あなたは　守られ
愛されています
あなたは　幸せになるために

生まれて　きたんですよ
誰も　責めなくて　いいのです
そして　自分自身も　責めなくて
いいんですよ
愛の光に　包まれ　安心しましょう

第61話　変化

2011.1.2.(日)　9:02

相手にとって　良かれと　思う言葉
行為で　あったとしても
その本人が　決めることです
知らず　知らずに　人を　傷つけている
ことも　あるのです

1.2.(日)　9:07

人の心　感情は　その人　本人に
しか　わかりません
感情は　変化します
あなたの　生きる力が
変化を　求めます

第62話　あなたの道

1.6.(火)　7:25

あなたには　あなたの道が　あります

人と　比べる　必要は　ありません
あなたのままで　いいのです
あなたの心　感情　ハートに　目を向け
神と天使に　身を　ゆだねましょう

1.13.㈭　8:52

涙の浄化
あなたの　心の傷が　癒えます
あなたが　信じる　存在に
感謝を　しましょう
あなたが　信じる　存在であれば
どなたでも　かまいません
自分自身の　心に　向き合い
ハートを　解放しましょう

第63話　神の化身

1.13.㈭　9:04

神の化身
あなたは　神の化身です
人が　何と言っても　かまいません
あなたは　素晴らしい光です
あなた自身を　受け入れ
認めましょう
あなたの　真の光は　輝いています
ひとつの　光なのだから

愛の目で　見つめれば　いいのです
あなたは　愛の光です
ありのままで　あなたは　素晴らしい存在です

第64話　無に　なりましょう

何の心配も　いらない
無に　なりましょう
あなたは　あなたのままでいい
あなたが　いるだけで
光は　輝いているのだから
光を　放っている
傷ついた　心は　癒やせます
日の光を　浴びましょう
あなたの心が　あたたかくなります
あたたかくなった　心が
あなた　本来の光です

第65話　体感覚

1.13.(木)　9:22

様々な　出来事は
あなた　本来の光（魂）のステップアップ
空を　見上げましょう
空は　あなたを　見守り
語り　かけています
あなたは　愛され　守られています

1.13.(木) 9:25

傷ついた　心のままでいると
つらくないですか
涙を　流しましょう
海を　見ましょう
波の音を　聴きましょう
肌で　感じる　体感覚を
大切にしましょう
愛が　あなたを　守ってくれます

第66話　ハート

1.13.(木)　9:29

あなたの　ハートは　浄化されます
何の　心配もいりません
魂の学び
前世からの　贈り物を　もらって
現世の　あなたが　います
あなたは　宇宙の中で
様々な光と　ともに
光り　輝いています

1.13.(木)　9:32

ハートは　自由です

何の制約も　ありません
あなたの　思考が
あなたの　現実を　創っています

第67話　内面

1.16.(日)　10:36

3・5・8

外見ではなく　内面を　観ましょう
あなたの　ハートが　喜ぶもの
楽しむ　ことを　続けましょう
ありがとうございます
あなたの　未来は　自分で　描けば
いいのですよ
未来を　歩くのは　あなた自身です
夢を　持ち続けて　歩けば
必ず　現実となります
光の多い道を　歩きましょう
あなたの　選んだ道を　信じましょう
奇跡を　ありがとうございます

数字が見えてから、メッセージがありました。
「たましいの光の色を見なさい」という、メッセージでした。

第68話　宇宙からの　メッセージ

2.20.(日)

無に　なりましょう
心の中のいらない物を
吐き出しましょう
無になれば
宇宙からの　メッセージ
天から　降り注ぐ光
全てを　あなたは　受け取ることが
できるでしょう
あなたの　目の前で　起こる　出来事は
全て　あなたに　必要だから
起こっています
感謝をして　受け取りましょう
あなたが　変われば
あなたの　周りは　変わります
人を責めるのではなく
人を　愛しましょう
そして　一番　大切にすることは
あなた自身の心を
あたたかく　包みこみましょう
優しく　小さな　小鳥を
抱くように
大切に　大切に
あなた自身の　心を
癒やしましょう
本来の　あなたは　輝いています

あなたの　持っている　光（魂）は
とても　輝いて
キラキラ　光っています
自分自身の　光（力）を　信じましょう
信じる力は　とても　大きな
エネルギーと　なるでしょう
あなたなら　できる
あなたの　やりたいこと
嬉しいと　感じる　感覚
楽しいと　感じる　感覚
躍る　心を　素直に
受け止めましょう
目の前にある　喜びと　幸せに
気づくことが　できるでしょう
目を閉じて
大きく　深く　ゆったりと
深呼吸しましょう
あなたの未来は　あなたが　創り出す
ことが　できます
誰にも　遠慮する　必要は　ありません
あなた自身を　信じて
自分の　歩きたい道を
歩いていきましょう

第69話　願いは　叶う

3.8.(火)　14:31

何もかも　うまく　いくよ

願いは　叶うからね
あなたの　望みは　叶います
何も　心配する　必要はありません
あなたは　これから　多くの命を　救って
いくでしょう
あなたは　命の　尊さを　伝える
伝道者となります
生ある　命は　やがて　なくなります
しかし　命は　尊く
魂は　残ります
願いも　ずっと　続きます

第70話　大切な命

3.8.(火)　14:53

人は　何を　学ぶのか
愛を　学びます
私が　欲しかったものは
ありのままの　私を　愛してくれる　存在
ありのままの　私を　受け入れてくれる　存在
ありのままの　自分自身を　大切にすることで
周りが　変わります
心と身体を　癒やしましょう
自分の身体と　思っているものは
実は　借り物です
大切に　細胞ひとつ　ひとつに
声をかけ　感謝をしましょう
ひとつ　ひとつが　大切な命なのです

第71話　命に感謝

3.8.(火)　14:58

命に　感謝を　します
健康に　感謝を　します
素晴らしい　ソウルメイトとの　出逢い
素晴らしい　人間関係との　出逢いに
感謝を　します
今日頂く　たくさんの幸運と
たくさんの　愛の光エネルギーに
心から　感謝します
今日頂く　たくさんの愛
たくさんの　喜びと　幸せに
心から　感謝します
今日頂く　臨時収入に　感謝します
これから　頂く　月給に　感謝します
子どもたちの　授業料　教育費用が　楽に
ポンと　払えました
ホッとしました
ありがとうございました

第72話　天からの　恵み

3.8.(火)　15:05

見に見えない　お金は
形となって　現れますよ
あなたの　今までの　報酬です
神に　つかえる　あなたには

天からの　恵みが　授かります
ありがとうございます
感謝しています

　　　　　　　　　　　　　　　3.8.(火)　15:08

かゆみや　心の中の　もやもやは
あなたの　心の中にある
心配ごとが　原因です
今すぐ　天使に　捨ててもらいましょう
身も　心も　ゆだねれば
いいのです
悩みは　必要のないもの
無用なものなのです

第73話　手放しましょう

　　　　　　　　　　　　　　　3.8.(火)　15:12

身体が　抱える　倦怠感
頭が重い　身体がだるい
イライラする
全て　自分で　自分の身体を
傷めつけて　いるのです
手放しましょう
過去の　悲しみ　恐れ　怒りを
吐き出しましょう
未来の　恐れを　捨てましょう

あなたは　守られています
あなたは　愛されています
あなたは　豊かになれる　存在です
あなたは　前世の過去の怖れを
手放し　捨てることで　経済的
豊かさ　心の豊かさを　手に入れる
ことが　できるでしょう
ありがとうございます
心から　感謝します

第74話　涙は　浄化

3.8.(火)　15:32

涙は　浄化です
やっと　わかって　良かったですね
心が　軽くなるのが　わかるでしょう
涙を　流せない人は
心の中に　固い　囲いを
作っています
氷が　とけるまで　待ってあげましょう
大丈夫です
誰の　心にも　春は　訪れます
少しずつ　少しずつ　あたたかく　なります
季節の　移り変わりと
心の　変化も　同じです
流れに　逆らう　ことは　できないのです
その方の　リズムが　あります
その方の　リズムを　尊重しましょう

第75話　潜在意識

3.13.(日)　7:48

感謝の心が　命を　救うのです
光を　浴びましょう
朝日を　浴びると
生きる　エネルギーを　いただけます
全ての　願いは　天に　通じます

3.24.(木)　8:42

心配しないで　大丈夫ですよ
様々なことが　起こっています
情報よりも　あなたの　直感を
信じましょう
あなたの　潜在意識は　全て
わかっています
あなたは　素晴らしい　存在です
守られています
愛されています
恐れずに　前を　見ましょう

第76話　ありのまま

3.24.(木)　8:46

あなたの　感じる　感覚を　意識しましょう
あなたの　直感を　信じましょう

ありのままの　あなたで　いいのですよ
自分自身の　心の中を　見つめましょう
自分自身の　心を　癒やしましょう
あなたの　光（魂）は　輝いています
あなたの　光を　信じましょう
何の　怖れも　必要　ありません
天が　守っています
安心しましょう
不安な　気持ちは
意識呼吸を　しましょう
天が　あなたに　必要な
エネルギーを　降り注いでいます
必要のない　エネルギーを　吐き出し
必要な　エネルギーを　受け取りましょう

第77話　出逢う人

4.19.(火)　17:27

あなたの　願いは　叶いました
大丈夫ですよ
あなたと　出逢う人は
全て　あなたにとって
必要な　人です
あなたの　未来は　変わります
あなたの　イメージが
そのまま　未来に　つながります
自分自身を　信じましょう
あなたの　心の中に

問いかけましょう
答えは　もう　見つかっています
怖れずに　進みましょう
怖れを　手放しましょう
手放せば　楽に　光が　入ります

第78話　祈りましょう

4.19.(火)　17:33

祈りましょう
あなたの　願いは　叶います
自分自身の　オーラの中で
解放しましょう
あなたは　守られています
あなたは　愛されています
あなたは　あたたかい　光の中で
包まれています
安心しましょう

4.19.(火)　17:44

あなたの　進む道は　正しい道です
安全な道です
光の多い道を　歩いて
いけば　いいのです

第79話　夢の中

4.19.(火)　17:46

あなたの　潜在意識は
全て　知っています
眠りの中で　夢の中で
語られています
あなたは　大切にされる
価値のある　存在です
あなたの　生きる道は
もう　決まっています
進む道も　つながっています
やるべきことを　やりましょう
あなたの光　道しるべと
なりましょう
感じる感覚を　大切にしましょう
天は　あなたを　守ります
安心して　進みましょう
あなたの　心に　ハートに　素直に
従いましょう
道は　開かれます

第80話　休みましょう

4.19.(火)　18:12

目が　痛い時は
休みましょう
目が　疲れています

無理を　しすぎています
心が　疲れています
目を　閉じて
睡眠を　とりましょう
頭で　考えすぎないで　いいのです
あなたの　ハートを　大切にしましょう
あなたの　心を　大切にしましょう
あなたの　身体
細胞　ひとつ　ひとつに
感謝をしましょう
あなたの　心と身体は
あなたに　メッセージを
贈っています
癒やされる時が　きました
安心して　癒やされましょう

第81話　全て浄化

4.19.(火)　18:19

罪悪感を　持つ　必要は　ないのです
あなたは　ありのままで
素晴らしい　存在です
あなたは　守られています
あなたは　経済的に
豊かに　なるでしょう
安心しましょう
全てを　受け入れて　いいのです
あなたは　幸せになるために

生まれてきました
前世の罪と　過去の罪に
しばられる　必要は　ないのです
あなたの　罪は　全て
浄化されています
あなたの　魂は　新しい
未来のために　あるのです
あなたは　幸せに　なるために　生まれました

第82話　未来は　未知

5.13.㈮　8:18

人と　比べる　必要は　ありません
あなたは　素晴らしい　存在です
あなたの　好きなことを　行いましょう
あなたの　未来は　未知なものです
あなたの　望む　未来が
目の前に　起こるでしょう

5.13.㈮　8:21

光を　見つめましょう
光は　あなたを　導いてくれます
あなたの　進む　道は
光の　多い　道です
恐れる　必要は　ありません
あなたは　守られています

安心して　進みましょう

第83話　心の鏡

5.13.㈮　8：23

あなたは　光り　輝いています
あなたの　周りに
あたたかな　風が　吹いています
ひとつ　ひとつの　命を
大切に　しましょう
目の前で　起こる　出来事は
あなたの　心の鏡です
心を　癒やしましょう
心を　癒やせば
周りの　環境は　変わります
光に　感謝しましょう
出逢いに　感謝です
魂は　光り　輝きます

第84話　内面

5.13.㈮　8：37

祈りましょう
自分自身を　大切にしましょう
自分自身の　内面と　向き合いましょう
内面の　あなたは
今　どんな　気持ちですか
心を　正直に

素直に　見つめ
話してみましょう
あなたの　心の声を
ひとつ　ひとつ
ていねいに　聴いてあげましょう
どうして　欲しかったのか
ゆっくりと　見つめましょう

第85話　深呼吸

5.13.(金)　8:48

深呼吸しましょう
空を　見ましょう
目を　閉じて
大きく　深く　ゆったりと
リラックス　しましょう
あなたは　愛の光に
包まれています
安心しましょう

5.16.(月)　0:41

見つめましょう
あなたの　心の中を
光を　浴びています
光は　あなたの　心に　差し込んでいます
安心しましょう

虹色の光が　あなたを　包んでいます

第86話　様々な不調

5.16.(月)　0:50

おなかが　はっている時
頭が　痛い時
イライラする時
心の中が　ザワザワする時
様々な　不調を　感じたら
それは　あなたへの　心からの
メッセージです
気持ちを　静めましょう
落ち着ける　安心できる場所で
身体を　休めましょう
心を　リラックスさせましょう
意識呼吸を　続けましょう
心の声を　聴いて
自分で　自分の　心を　癒やしましょう

第87話　インナーチャイルド

5.16.(月)　0:59

私は　あなたを　愛します
私は　あなたを　守ります
自分で　自分の心（魂）に
伝えて　あげましょう
そうすることで　あなたの　魂は

安らぎます
あなたの　インナーチャイルドも
心を　開きます
もう　自分で　自分を
責めないで　いいんですよ
あなたは　何も　悪くありません
あなたの　魂（光）は
キラキラと　輝いています
素晴らしい　光ですよ

第88話　自然体

5.16.(月)　9:12

グリーン　パープルの光の中で

あなたは　望む人生を　歩んで
幸せに　なるために
生まれてきました

目を　閉じましょう
あなたは　今　緑の中にいます
草の香りが　します
あたたかな　光に　包まれています
リラックス　しましょう
大きく　深く　ゆったりと
深呼吸しましょう
あなたは　自由です
あなたの　想いのままに

自然体で　心を
解放しましょう
天上界の光は　あなたを
あたたかく　見守り　守っています
安心しましょう
あなたの　願いは　叶います
あなたが　必要と　するもの
欲しいと　思う　感覚を
イメージしましょう

第89話　光の中

5.16.(月)　9：18

パープル　クリアーな　光の中で

あなたは　あなたの　ままで　いいのです

安心できる　光の中に　今
あなたは　います
愛に　包まれた　光の中です
今　この　瞬間から
スタートです
全て　うまく　いきます
心を　クリアーに　しましょう
傷ついた　心は　必ず
癒やされます
あなたの　心の中で
もうひとりの　あなたが　眠っています

あなたは　大丈夫ですよ
あなたは　安心して
眠ることが　できます
これからは　前を向いて
歩きましょう

第90話　優しい心

5.16.(月)　9:22

クリアー　コーラルの　光の中で

あなたは　純粋で　優しい
天使の　ような人です
あたたかな　春の陽ざしが
あなたを　包んでいます
あなたは　とても　あたたかな
優しい心の　持ち主です
これから　あなたは
たくさんの　花を　咲かせていきます
あなたは　その花を
周りの人たちと　共に
分かち合うことが　できるでしょう
恐れを　手放しましょう
あなたが　あなたの　想うままに
進むことで
あなたの　道は　開かれます
何もかも　うまく　いきますよ
あなたの　笑顔

周りの方たちとの　笑顔を
イメージ　しましょう
愛に包まれた　あなたの　姿が　ありますよ

第91話　睡眠

6.5.(日)　1:36

睡眠を　とりましょう
疲れた時　疲れが　たまった時
イヤなことが　あった時
心が　傷ついた　時
睡眠を　とりましょう
エネルギーチャージ　できます
あれこれ　考え　悩むより
まず　睡眠
次に　目を　閉じて
大きく　深く　ゆったりと
深呼吸しましょう
あなたは　守られています
あなたは　愛されています
安心しましょう

第92話　大いなる　愛の光

6.5.(日)　1:45

あなたは　守られています
あなたの　目の前で起こる　出来事は
あなたの　心の鏡です

あなた自身の心を　癒やすことで
目の前の　出来事は　変わります
あなたの心
あなたの身体
メッセージが　贈られています
内面の心と　身体を　見つめましょう
あなたなら　できます
あなたは　大いなる　愛の光に
包まれています
身を　ゆだねましょう
傷ついた　心を　手放せば
楽になれますよ
あなたは　あなたらしく
生きることが　できますよ

第93話　悪くない

6.5.(日)　5:55

あなたは　悪くないですよ
もう　忘れましょう
あなたは　悪くないですよ
あなた以外の人から
あなたに対しての　否定的な言葉は
相手に　はねかえります
大丈夫ですよ
あなたは　何も　悪くありません
あなたの　光（魂）は　輝いていますよ
ありのままの　あなたが　素晴らしいです

ありのままの　あなたで　いていいんですよ
人と人は　比べる必要など　ありません
それぞれが　素晴らしい光を　持っています
恐れる　必要など　ありません
あなたが　喜ぶこと　幸せを　感じることを
考えましょう

第94話　守りの光の中

6.7.(火)　14:02

ゆっくり　時間を　かけましょう
あせらなくて　いいですよ
あなたは　守られています
守りの　光の中に
あなたは　います
他者からの　言葉を
引きずらなくて　いいですよ
全て　時間と　共に　見えてきます
落ち着いて　ゆっくり　進みましょう

6.7.(火)　14:06

あなた自身の　心を
大切に　しましょう
傷ついた　翼は　休めましょう
睡眠を　とって
エネルギーを　充電して

元気になったら
はばたきましょう

第95話　神と天使

6.7.(火)　14:08

神と天使に　ゆだねましょう
自分の心の中で
考えすぎれば　疲れます
全てを　手放せば
楽になれます
あなたの　まわりが
静かに　変化を　始めています
全て　良い　方向に　向かうと
信じましょう
穏やかな　感覚
心地良い　感覚
リラックス　しましょう
あなたは　あたたかな　光に
包まれています
天に　全てを　まかせましょう
光の多い道が　現れます

第96話　前進

6.7.(火)　14:13

今の問題は
全て　解決しています

天使が　あなたを　守っています
あなたは　安全な中で
前進するでしょう
安心して　ゆっくり
進めば　いいですよ
あなたの笑顔が　満ちあふれています

6.7.㊋　14:15

あなたの　人生は　あなたのものです
自分で　信じる道を
進めば　いいのです
目を閉じて　大きく　深く
ゆったりと　深呼吸しましょう
見えてくる　世界がありますよ

第97話　奇跡

6.7.㊋　14:29

自分や　他者を　責める気持ちを
手放しましょう
先入観を　捨てましょう
奇跡を　信じましょう
ありのままの　あなたで　いいのです
ありのままの　あなたが
素晴らしい　存在です

あなたは　受け入れられる
価値のある　存在です
あなたは　認められる
価値のある　存在です
安心しましょう
あなたが　常に　自信と安らぎで
満たされるように　天上界の光は
降り注いでいます
感謝しましょう

第98話　満ちあふれる　笑顔

6.7.(火)　14:40

失敗は　成功のもと

新しい世界では
つまづきが　あります
しかし　目の前には
満ちあふれる　笑顔が
待っています
全ての光は　キラキラ　輝いています
キラキラ　光り輝く中に
あなたは　います
あなたの　姿は　天上界で
いつも　見ています

光を　浴びましょう

光を　受ければ　浄化され
あなたの　澄んだ　清らかな光が
現れます

あなたの　光に　感謝です

あなたの　光は　とても美しい光です

第99話　大切な光（魂）

6.14.(火)　8：35

あなたが　眠っている時
あなたに　必要な　メッセージを
受け取っています
夢を　忘れても　大丈夫です
あなたの　潜在意識の中に
入っています
安心しましょう

6.14.(火)　8：38

あなたは　守られています
様々な　出来事が　起こり
「悲しみ」「怖れ」「怒り」の
感情が　現れたとしても
あなたは　大切な光（魂）です
自分自身の　心と　身体を

大切にしましょう
あなたは　幸せになる
価値のある　存在です

第100話　心の声

6.17.㈮　0:58

思い悩まないで　いいからね
光を　信じましょう
あなたの　光は　輝いています
心配しないで　いいですよ
安心しましょう

6.17.㈮　1:02

あなたの　時間を　創造しましょう
願いは　叶います
安心して　大丈夫ですよ
肩の力を　抜いて　リラックスしましょう
目を　閉じて　大きく　深く
ゆったりと　深呼吸しましょう
あなたの　心の声が　聴こえます

第101話　カード

6.17.㈮　1:07

あなたの　子どもは

守られています
安心しましょう

6.19.(日) 0:03

今度こそ　恐れを　手放しましょう
あなたの　幸福と　計画を　妨げる
唯一のものは　恐れです
あなたが　心から　安心できるよう
心配や　恐怖を　手放す　方法を
伝えます　このカードは
あなたが　制御しようとする　問題を
手放し　最終的に　全てが
ベストな形で
解決すると
信じる　準備が　整ったことを
示しています
あなたは　正しい方向に
進んでいますよ
あなたは　愛すべき人です
重苦しく　有害な
あるいは　エゴ中心の
考えや　感情を
浄化していただき　感謝です

第102話　ありがとうございます

6.19.(日)　0:13

今すぐ　幸せになることが　できます
喜びや　楽しさを　味わうことで
あなたは　強くなるのです
自分の人生の　主導権を　握り
外的な　影響に　感情を
左右されないように　しましょう
幸福　喜び　至福に
心を開く　サポートを　していただき
ありがとうございます
これから　私は　人生の　ありとあらゆる
恵まれた　部分を　見るようにします
あなたは　今すぐ　幸せに　なれますよ
あなたが　喜ぶこと
楽しいことを　考えましょう
あなたは　今　幸せに　包まれています
ありがとうございます

第103話　ゆだねましょう

6.19.(日)　0:19

心配や　恐れを
神と天使に
ゆだねましょう

予想反する　解決法を

受け入れましょう
私には　奇跡が　必要です

私と　この状況に
急いで　奇跡を　届けてください

祈りは　あらゆる状況を
好転させます

不安は　状況を
悪化させます

あなたの声は　届いているので
安心しましょう

祈りに　応える　方法は
神と天使に
ゆだねられており
いつも　人間の　想像力を　超える
独創的な　方法によって
なされます

第104話　自分の心

6.20.㈪　9:39

幸せは　自分の心が　決めるものです
他人の評価など
気にする　必要ありません

失敗や　まちがいは　直せばいいのです
大切な　あなたの光（命）（魂）を
守りましょう
ありのままの　あなた自身を　受け入れましょう
ありのままの　あなた自身を　認めましょう
ありのままの　あなた自身を　愛しましょう
あなたは　ありのままで　素晴らしい
価値のある　存在です
あなた自身を　守り　大切にし　愛することで
周りの環境が　変わります
安心しましょう

第105話　眠りましょう

6.20.(月)　9:58

眠りましょう
夢の中で　あなたは　あたたかい
光の中に　います
あなたを　責める　光など
ありません
あなたを　包み　あたたかい
愛の光が　あなた自身に
降り注ぎます
あなたは　エネルギー充電
できます
あなたの　本来の光を
輝かせています
ありのままの　あなたのままで

いいんですよ
安心しましょう

第106話　ひらめき

6.20.(月)　10:02

今　まさに　あなたは
この瞬間から　生まれ変わります
光は　輝きを　増します
出逢いに　感謝しましょう
あなたの　未来は　光の多い道です
安心して　進みましょう

6.20.(月)　10:05

あなたの　人生は　あなたのものです
あなたが　選択しながら
進んでいけば　いいのです
目を閉じて　耳をすまし
風の音を　聴きましょう
あなたの　ひらめきを
信じましょう
あなたに　贈られた　メッセージは
すでに　あなた自身が　知っていることです
自分自身を　信じましょう

第107話　たくさんの幸運

6.20.(月)　10:09

あなたは　愛されています
あなたは　大丈夫ですよ
恐れなど　必要ないのですよ

あなたに　たくさんの幸運と
愛の光が　降り注いでいます

感謝して　受け取りましょう

大地の恵み　自然の恵み
緑　木々　草花の恵み
全ての命ある　生き物が
同じ　空間に　います
共に　生きれば　いいのです
新鮮で　クリアーな
澄んだ　光が
あなたを　包んでいます
その光の中で　安心して
深呼吸をしましょう

あなたの心　魂　光は　浄化され
あなたの光は　輝きます
ありのままの　あなたが　素晴らしい
価値のある　存在です
安心しましょう

第108話　やりたいと　思うこと

6.20.(月)　13:59

あなたの　やりたいと　思うことを
やりましょう
あなたの　やりたいと　思うことを
やれば　いいんですよ
天は　あなたの　味方です
あなたの　望むことを　行いましょう
あなたは　あなたらしく
生きることが　できます
あなたは　疲れが　たまっています
ゆっくり　休みましょう
大切な　命を　守りましょう
痛いと　感じる　場所に
疲れや　ストレスを　ためこんでいます
お風呂に入って　湯船につかり
マッサージをしましょう
リラックスしましょう
身体の疲れを　とりましょう

第109話　生かされている

6.20.(月)　14:08

あなたは　あなたのままで　いればいい
何をする　必要もありません
あなたが　生きていること
生かされていること

この世界で　存在していることが
大切なのです

6.20.(月)　14:10

人を　比べることなど　できません
どれも　皆　素晴らしい命なのです
あなたに　見せている　光の数々
それは　素晴らしい　命の光　なのです

第110話　責める言葉

6.20.(月)　14:34

相手を　責める言葉は
自分の　心を　苦しめます
激しく　他人に　対して
暴言を　吐く方は
その人自身の心が　傷ついています
本人も　傷ついていると　知り
あなた自身の　心を癒やし
相手の　言動や　態度を　許しましょう

傷ついた　心を　相手に　ぶつけるのではなく
自分のオーラの中で　吐き出しましょう

自分のオーラの中であれば　安全です

守りの光の中で　行えば
あなたに　必要な　エネルギーを
受け取ることが　できます
あなたは　守られ
愛されています

第111話　感じる感覚

6.20.(月)　14:41

あなたの　感じる感覚を
大切にしましょう
喜びと幸せを　感じましょう
不安な気持ち　悲しみ　怖れ　怒りの
感情は　気がついた時に
捨てれば　いいのです

執着するのではなく
手放せばいいのです

あなたの心が　自分で　決めれば
いいのです

あなたなら　できます

あなたの心は　自由で　豊かさが
あふれているのですよ

大いに　自由な　豊かな思考

感覚を　創造しましょう

未来は　あなたの　思考が　決めています

第112話　全ては　学び

7.3.(日)　2:09

あなたは　何も　悪くないですよ
心配は　いりません
大丈夫ですよ
気にする　必要は　ないんですよ
誰でも　初めは　失敗は　あります
忘れることも　あります
気がつかないことも　あります
全ては　学びです
大丈夫ですよ
安心しましょう

7.3.(日)　2:11

人を管理することなど　できません
自由に　伸び伸びと
大らかに　生きていきましょう
自然体で　生きていきましょう
深呼吸をしましょう
あなたの　進む道は　開けています
光の多い道ですよ

第113話　夕日

7.13.(水)　1:57

青森の電車の中の夕日

あなたに　見せた光
素晴らしい　光が　降り注いでいます
安心しましょう
自信を　持ちましょう
光　輝く道が　待っています
胸が痛い時
傷ついた心を　癒やしましょう
涙は　浄化作用です
安心して　涙を　流しましょう
もう　あなたは　迷わずに　すみます
あなたの道は　あなただけのものです
光り輝く道を　歩いていきましょう

青森の空　美しい空　広い空
あなたは　自由なんです
発想は　自由です
どんどん創造しましょう

第114話　クリアーな空気

7.14.(木)　5:52

窓を開けて　朝の　新鮮なクリアーな
空気を　吸い込みましょう

あなたは　守られています
怖れなど　必要ありません
全ての　人達に　美しい　愛の光が
降り注いでいます
あなたの　抱えている問題
悩みを　手放しましょう
解放することで
無になることで
あなたに　必要な　ポジティブな
光が　あなたの　光を　輝かせます
あなたは　変わる必要など　ありません
あなたのままで　いいのです
今のままの　ありのままの　あなたが
素晴らしい　価値のある　存在です

第115話　全てを脱力

7.24.(日)　0:47

あなたは　何も　悪くないですよ
自分自身を　責めるのは　やめましょう
あなたの心　魂を　休めましょう
ゆっくり　大きく　深く
深呼吸をしましょう

一日の　疲れ　その日のうちに
クリアーに　しましょう
自分自身を　見つめ
リラックスしましょう

あなたのハート　細胞を
それぞれ　休めましょう

身体　全身の力を　抜いて
解放しましょう

手放すことを　怖れずに
全てを　脱力しましょう

第116話　頭上から

7.24.㈰　0:54

光は　あなたのもとに　集められています
光は　あなたの　頭上から
頭のてっぺんから
足の裏から
どんどん　入っていきます

7.27.㈬　15:30

手を合わせましょう
心を　静めましょう
落ち着いて　大きく　深く
ゆったりと　リラックスして
深呼吸を　しましょう
内なる心を　見つめ
問いかけましょう

あなた自身を　優しく
包みましょう

第117話　穏やかな心

7.31.(日)　1:53

あなたは　自分自身を　信じれば
いいんですよ
人のねたみは　色めがねを　かけて
相手を　判断します
傷つく　言葉　態度を　とられたりします
傷ついている相手を　許しましょう

全ては　神と天使に　ゆだねましょう
あなたは　守られ　安全です
安心しましょう

今　許しを　学んでいます
穏やかな心で　いましょう
あなたの　光は　輝きを増します

第118話　願い

9.4.(日)　1:25

怖れを　手放しましょう
あなたの願いは　叶います
私は　絵本作家に　なれました
印税で　生活が　楽になります

億万長者所得に　なれました
すごいです
嬉しいです
私の光セラピーの本が
世の中の人　たくさんの方から
支持を　集めました
私の本を　手に取った方たちが
癒やされ　笑顔に　包まれました

ありがとうございました

第119話　信頼

9.4.(日)　1:29

自分の感覚を　尊重し　信頼しましょう
私は　絵本作家に　なれました
ギャラリーで　絵本を　紹介できました
たくさんの方から　絶賛して　いただけました
新聞で　取り上げて　いただけました
出版社から　出版依頼が　きました
全国の書店に　私の
『光セラピー』が　並びました
手に取った　人たちが
光次の　存在に　気づき
幸せに　包まれました

ありがとうございました

第120話　万全な守護

9.4.(日)　1:37

万全な守護があります
命を　お守りいただいて
感謝しております

ありがとうございます

入院　手術　退院
安心です

守ってくれて　ありがとうございます
光の中で　包まれ　感謝します

睡眠の大切さ
メッセージに　感謝します

スムーズに　「光セラピー」

ありがとうございました

職場の名前　顔　楽に
簡単に　覚えられました

ありがとうございました

第121話　最愛の人

9.4.(日)　1:42

あなたと　最愛の人は　大丈夫です
身体の不調を　取ってくれて
ありがとうございます

楽に　なれました

感謝します

全て　私の　いらない感情
全て　天に　おまかせします

天が　浄化してくれました

ありがとうございます

涙を流して
教えて　いただいて　感謝します

ありがとうございました

光に　感謝します

ベストセラー作家に　なれました

ロングセラー作家に　なれました

絵本の印税で　神楽坂に
自宅を購入

マンションで　暮らせました

居心地の良い　空間です

感謝します

ありがとうございました

私は「光セラピー」の　メッセージ本が
爆発的に　売れました

光セラピー
心のデトックスセラピー
神楽坂のマンションで
セッションしています

全国の　光セラピー　ファンが
私に　会いに　やって来ています

光次の　存在を　気づき
光の世界で　守られています

ありがとうございました

第122話　笑顔

9.9.㈮　3:33

怖れを　手放しましょう
あなたは　豊かに　なれますよ
望むこと　全て　願いは　叶います

今まで　よく　頑張りましたね

出版社から　本の依頼が　きました

印税で　億万長者に　なれました
神楽坂に　マンションを　購入
できました

ありがとうございました

あなたは　もっと　自信を
持って　いいですよ

あなたの　笑顔に　皆
ひきつけられますよ

あなたなら　大丈夫

安心しましょう

第123話　目の前

　　　　　　　　　　　　　9.9.㈮　3:45

あなたは　光の多い道を
まさに　今　歩いています
安心して　進みましょう
あなたの　欲しい
願いが　目の前に　ありますよ

ありがとうございます

　　　　　　　　　　　　　9.9.㈮　3:47

あなたの　望むことを　考えましょう
私は　豊かになれる　価値のある
存在です

私は　ありのままで　愛される
価値のある　存在です

私は　ベストセラー作家
ロングセラー作家に　なれました

すごいです

ありがとうございました

第124話　捨てましょう

9.9.(金)　3:56

もう　全て　手放していいのです
あなたの　目は　見えますよ
怖れを　手放せば　いいのですよ
みずから　不幸を　選ばなくて
いいのです

苦しみを　捨てれば　いいのです
つらかった過去世を
捨てましょう

今　あるのは　現世です

あなたの　望みは　叶います

今　逢っている　人たちは
あなたの　味方です

あなたを　支え　守ってくれ
共に　愛すべき　人たちです

私は　怖れを　手放します

ありがとうございました

第125話　未来は自分の手で

12.4.(日)　0:08

感じるままに　生きましょう
あなたは　わかっています
心を　静めて
深呼吸を　しましょう
あなたが　欲しいものは　すぐに
手に　入りますよ

心を　解放しましょう

執着を　手放しましょう

過去に　振り回されないで
いいんですよ

未来は　自分の手で
切り開いていきましょう

第126話　頑張らないで　いいんだよ

12.4.(日)　6:43

もう　頑張らなくて　いいんだよ
あなたは　じゅうぶん
頑張ってきたんだから

もう　無理しなくて　いいからね

あなたは　守られているからね

肩の力を　抜きましょう

ひとりで　がんばらないで　いいんだよ

みんなが　いるからね

あなたを　支えている

支えてくれる　みんなが

まわりに　いるからね

ありがとう　の　感謝の　言葉とともに

歩いていきましょう

まわりを　見ましょう

ゆっくり　朝日が　見えますよ

第127話　「学び」「気づき」

12.4.(日)　6:58

人はね　欲張らないで
生活すると
ほどよい　幸せが　訪れるんですよ

あなたの　目の前で　起こる出来事は
あなたへの　メッセージです

怖れないで
全てを　受け入れましょう

そこから「学び」「気づき」と　なるでしょう

心を　失うほど

忙しい生活に
追われると
見失うことが　あります

それは　真の心

まごころです

あたたかい　気持ち
あたたかい　メッセージは絶えず
あなたに　降り注いでいます

１日１回　自分を　見つめる　時を
持ちましょう

肩の力を　抜きましょう

くび　肩を　まわしましょう

腕を上げ
背筋を　伸ばしましょう

大空に　手を　伸ばし

まぁ～るく　円を　えがきましょう

あなたの　心を　見つめましょう

あなたが　本当は　何を　したいのか
何をすべきか
わかります

怖れないで
無になって

天に　ゆだねれば　いいんですよ

おのずと　道は　開かれます

第128話　あせらず　のんびり

12.19.(月)　1:27

あなたは　あなたらしく　生きればいいんですよ
他の誰とも　比べる　必要は　ありません
あなたは　ありのままで　素晴らしい存在です
あなたの光（たましい）は　輝いています
あせらず　のんびり　ゆっくり

進めば　いいんですよ
あなたの　やりたいことを　やりましょう
あなたが　輝くには
あなた自身が　楽しむことです
内なる心に　聴いてみましょう
心に尋ねれば　おのずと　わかるでしょう
あなたが　心から　喜ぶことを
考えてみましょう
目の前に　幸せは　ありますよ

第129話　ポジティブな考え

12.19.(月)　1:39

ポジティブな　考えは
ポジティブな　行動を　引き寄せます
ありのまま　生きることで
あなたらしく　生きることが　できます
人と比べなくて　いいんですよ
幸せの　価値は　人それぞれ
違います
みんな違って　いいんですよ
あなたの　望む　生き方を
見つめましょう
ゆっくり　自分のこころと　向き合ってみましょう
向き合えば　必ず
今　何が　したいか　わかります
自分のこころと　向き合ってみましょう

こころを　解放しましょう

楽になれますよ

第130話　疲れたとき

12.19.(月)　1:44

無理しなくて　いいんですよ
がんばらなくて　いいんですよ
疲れたときは　ゆっくり　休みましょう
睡眠を　とりましょう
あなたに　必要なときは
今です

あなた自身を　いたわってあげましょう

こころから　ごくろうさま　と　声を
かけてあげましょう

おつかれさま

よく　がんばりましたね

もう　肩の力を　ぬいて
リラックスしましょう

重い荷物は
背中から　おろしましょう

ゆっくり　休めば

エネルギーは　充電され
元気になれます

あせらないで　いいからね

第131話　手を合わせること

‥‥‥‥‥‥‥‥‥‥‥‥‥‥‥‥‥‥‥‥‥‥‥‥‥‥‥‥‥‥

2012.2.8.(水)　14:14

仏さまを　おもう　こころは
手を合わせることが　大切です
なにもかも　うまくいきますよ

心配しないで　大丈夫です

こころの　おもう　ままに　進めれば
いいのですよ

道は　開かれます

物欲　我欲　どれを　とっても
光あるのみ

光は　輝いているのです

ありのままの　あなたでいれば
いいんですよ

ありがとうございます

第132話　真実

　　　　　　　　　　　　　　2.8.(水)　14:28

深い悲しみと　真実を　見ることが　できました
あなたは　はるかに　優しく
深い愛を　感じとりました
あなたのこころを　癒やしましょう

あせらず　ゆっくり　のんびりと
過ごしましょう

きっと　こころから　晴れやかに　なりますよ

　　　　　　　　　　　　　　2.8.(水)　14:30

地に　足を　しっかり　つけましょう
無となり　歩めば　いいのです
一歩　踏み出せば
おのずと　道は　開かれます

安心しましょう

あなたは　守られています

心配しないで　いいんですよ

第133話　スタート

　　　　　　　　　　　　　2.8.㈬　14:32

今　まさに　スタートの　時です
ゆっくり　大切に　あなたの　好きなこと
喜ぶことを　行いましょう
こころが　はずむことを　考えましょう

　　　　　　　　　　　　　2.8.㈬　14:36

空を　見上げましょう
緑の中で　深呼吸を　しましょう
こころ　たましいが　穏やかに　なることを
感じましょう

あなたの　光が　輝きを　増します

　　　　　　　　　　　　　2.8.㈬　14:46

明るい　愛の光が　降り注いでいます
あたたかく　優しいこころが
あなたを　満たすでしょう

第134話　人生

　　　　　　　　　　　　　　2.8.(水)　14:47

願いは　叶います
あなたの　望むことを　考えましょう

　　　　　　　　　　　　　　2.8.(水)　14:50

深緑の中　豊かな　こころを　持ちましょう

　　　　　　　　　　　　　　2.27.(月)　10:28

不安な気持ちを　手放しましょう
怖れは　必要のないものです
あなたは　愛され　守られています
なにもかも　うまく　いくと
信じましょう

信じるこころ　たましい　光を
感じましょう
あなたなら　できます
あなたの　人生は
あなたの　ために　あるのです

第135話　選ぶ道

2.27.(月)　10:32

あなたの　人生です
あなたが　おもうように
あなたが　考えるように
歩めば　いいのです

誰も　止めることは　できません
あなたが　選ぶ道は
全て　正しいのです

光の道です

あなたの　思考が
すべて　導き
歩んでいくことでしょう

あなたが　輝くことを
考えれば　あなたの　本来の光が
輝きを　増すでしょう

すべては　光が
教えてくれます

導く　方向に　進みましょう

第136話　生まれてきた意味　課題

2.27.(月)　10:39

自然体で　いれば　いいのです
肩の力を　抜いて　リラックスしましょう
目を閉じて　深呼吸を　しましょう
あなたが　リラックスできる　空間を
イメージしましょう
大きく　深く　ゆったりと
深呼吸を　続けましょう
吐く時に　必要のないものを
吐き出しましょう
吸う時に　あなたが　欲しいと
思う　感覚　光を　吸い込みましょう
続けることで
あなた　本来の光に　目覚め
あなたの　生まれてきた　意味
課題が　わかるでしょう

第137話　ご縁に感謝

2.27.(月)　10:48

ご縁に　感謝しましょう
あなたを　とりまく
すべての人に　感謝をしましょう

あなたは　ささえられ
光り　輝いて　います

あなたの　中にある　美しい光は
素晴らしいです

こころが　つらいときは
無理をせず　休みましょう

休む時間を　とることで
エネルギーが　チャージできます
リラックスして　こころが　はずむことを
楽しみましょう

頭で　考えるのではなく
身体で　感じましょう

第138話　責めていません

3.9.(金)　7:33

もっと　笑いましょう
肩の力を　抜いて　リラックスしましょう
安心して　大丈夫ですよ
あなたのことを　誰も　責めていませんよ

あなたが　いるだけで
光り　輝いているんですよ
自信を　持ちましょう

ありのままの　あなたは
素晴らしい　存在です

大きく　深く　ゆったりと
深呼吸を　しましょう

あせらないで　大丈夫ですよ

あなたの道は　安全で
守られています

安心して　進みましょう

第139話　天上界の光

3.9.㈮　7:39

天上界の　光は　あなたを　守っています
降り注ぐ　光は　あなたのものです
あなたが　欲しいと　思う光を
受け取ることが　できます
あなたの　望み　希望は　叶います
安心して　進みましょう

3.9.㈮　7:48

あなたの笑顔は　素晴らしいですよ
そこに　あなたが　いるだけで
まわりの　みんなは　笑顔で　いられます
もう　苦しまないで　いいからね
もう　自分自身を　責めないで　いいからね

必要のないもの　思考は　手放しましょう
手放すことで　楽になれますよ
あなたは　守られ　愛されています
安心しましょう

第140話　こころの平安

3.11.(日)　23:55

あなたは　大丈夫です
こころの　平安を　持ちましょう
すべてを　浄化しましょう

3.17.(土)　23:45

心配する　必要は　ないですよ
あなたは　守られています
あなたが　安心できる
平穏で　いられることを　考えましょう

4.9.(月)　0:57

あなたは　守られています
あなたは　愛されています
内なるこころの　声を　聴きましょう
もう　心配しないで　大丈夫ですよ
あなたは　ずっと　守られ　愛されていますよ

安心して　ゆっくり　眠りましょう

第141話　宇宙が浄化

　　　　　　　　　　　　　　　　　4.9.㈪　1:02

がんばらなくて　いいんですよ
無理を　しなくて　いいんですよ
ありのままの　あなたで　いれば　いいんですよ
あなたの光は　素晴らしい光です
こころ　穏やかに　安らかに
ゆったりと　大きく　深く　深呼吸をしましょう
あなたのままで　いいんですよ
あなたは　光に包まれ　守られています
安心しましょう
不安は　吐き出しましょう

宇宙が　浄化してくれます

浄化された　愛の光エネルギーが
あなたに　たくさん　降り注いでいます

第142話　リフレッシュ

　　　　　　　　　　　　　　　　　4.12.㈭　8:53

肩の力を　抜きましょう
深呼吸を　しましょう
宇宙からの光　大自然の恵みを　受け取りましょう
あなたは　光り　輝いていますよ

疲れた　気持ち　こころ　身体を　癒やしましょう
あなたが　リフレッシュする　気持ちを　持てば
あなたの　心身は　生まれ変わります
あなたに　必要な　光が　降り注いでいます
感謝して　受け取りましょう
あなたの　望む世界が　広がります
どんどん　未来を　創造しましょう
あなたの　世界は　広がり
こころ　穏やかに　平穏な日々が
訪れるでしょう

第143話　人生は楽しく

4.15.(日)　17:18

自信を持ちましょう
恐れを　手放しましょう
自分を信じ　自分を　見つめましょう
直感を　信じましょう
あなたの　道は　光の多い道です

10.17.(水)　0:22

自分を　見つめることで
人生は　楽しくなるんですよ

深呼吸をしましょう

怖れを　手放しましょう
あなたは　愛されていますよ
あなたは　守られていますよ

自分の願いを　信じましょう

第144話　新鮮な空気

11.4.(日)　5:30

直感を　信じましょう
人相の悪い人は　性格が　現れます
人は　疲れると
自分より　弱い者を　責めるようです
こころを　癒やしましょう
睡眠を　とりましょう
戸外へ　出かけましょう
新鮮な　空気を　身体の中に
とりこみましょう

第145話　ちから

11.28.(水)　2:05

何も　心配することは　ないんですよ
あなたは　守られています
あなたの　そばに　私たちは　いるんですよ
怖れる　必要は　ありません
安心して　自信を　持ちましょう

あなたには　ちからが　あるんですよ

大丈夫です
あなたの　望むことは　すべて
願いは　叶いますよ
良かったですね
安心しましょう

第146話　こころを　静めましょう

2013.1.10.(木)　8:24

がんばらなくて　いいんですよ
光を　浴びましょう
こころを　静めましょう
相手　他人を　責めることで
ストレスを　発散する方が　いるようです

その言葉に　押しつぶされなくて
いいんですよ

あなたは　守られています
安心しましょう

あなたは　人の　こころの　いたみ

傷ついた　こころを　感じとることが
できます

あなた自身を　癒やしてあげましょう

あなたを　待っている人が　います

あなたは　愛されています

あなたは　幸せになる　価値のある
存在です

あなたの　持って生まれた
光を　大切にしましょう

あたたかい　光に　包まれています

まわりの声は　気にしないで　いいですよ

あなたに　必要なことは　愛です

あなたの　まわりには　愛が
満ちあふれています

ゆっくり　深呼吸をしましょう

あなたは　愛されています

安心しましょう

安心して　前に　進みましょう

第147話　許すこと

1.10.(木)　8:35

人は　ひとりでは　生きていくことが
できません
助け合うことは　必要です
しかし　自分自身を　犠牲にしてまで
する必要は　ないのです

体力の限界　こころの限界を
感じた時は
自分自身を　大切にしましょう

あなた自身の　こころの　声を
聴くことが　必要です

我慢は　よくないです
リラックスしましょう

大きく　深く　ゆったりと
リラックスして
深呼吸を　しましょう

宇宙が　あなたを　包んでくれます
あなたの　光は　輝いています
あなたが　生きていることが
素晴らしいのです
あなたが　存在していることが

大切なのです

もう　無理は　しなくて　いいんですよ

ありのままの　あなたで　いれば　いいんですよ

あなたは　光り　輝いています

こころ　傷ついた人は　他人を　責めます
その言葉に　左右されずに
許してあげましょう

許すことで　宇宙が　あなたの　こころも
彼女（彼）の　こころも
救ってくれるでしょう

天に　まかせればいいのです
なるように　なります
天に　ゆだねることで
あなたは　あなたの　道を
歩むことが　できます

良かったですね

ありがとうございます

感謝のこころ　言葉は
世界を　変えます

まわりを　あたたかくします

安らぎましょう

ゆっくり　休んで　いいんですよ

安心して　休みましょう

あなたは　まもられていますからね

あなたの　光は　輝いています

ありのままの　あなたで　いれば
いいんですよ

あなたの声　こころは　天が
見守っています

ゆっくり　こころを　癒やしましょう

こころが　SOSを　出せば
身体が　悲鳴を　あげます

必要な　声を　聴き取りましょう

自分自身を　責める必要は　ないんですよ

あなたの手を　胸にあて

宇宙エネルギーを　受け取りましょう

宇宙の　エネルギーは　壮大です

あなたを　癒やしてくれます

あなたは　安心して
眠りに　つきましょう

第148話　こころの叫び

1.11.㈮　8:44

人は　外的攻撃により
ストレスを　ためこみます

その都度　捨てていきましょう

あなたは　愛されています
あなたは　守られています
あなたは　幸せになる　価値のある
存在です

あなたの　光は　輝きます

輝いているんですよ

こころの　叫び　声を聴くことで
あなた自身に　戻ることが　できます

あなたは　ありのままで
素晴らしい存在です

光に　感謝しましょう

あなたに　あたたかい　愛の光が
降り注いでいます

あなたは　守られています

安心しましょう

不安を　感じた時
こころが　いたむ時
天に　ゆだねましょう

あなたの　想像の　つかない方法で
天は　あなたを　守ってくれるでしょう

安心しましょう

あなたは　あなたの　幸せだけを
おもい　望めば　いいのですよ
あなたは　幸せになるために
生まれてきたんですよ

第149話　たましいを愛しましょう

1.11.㈮　8:55

あなたの　たましいは　浄化されています
信じましょう
こころの　いたみは
天にゆだね　とってもらえば　いいのです

1.15.㈫　9:39

もう　苦しまなくて　いいんだよ
もう　我慢しなくて　いいんだよ
みんな　持っているんだよ
みんな　抱えているんだよ

悲しみ　怖れ　怒り

ふたを　しなくて　いいんだよ

自分を　見つめて　自分のこころと
向き合って　自分のたましいを
愛しましょう

第150話　涙を流しましょう

1.15.㈫　9:45

涙を　流しましょう

あふれる涙に　ふたをしないで　いいんだよ
泣いて　いいんだよ
無理しなくて　いいからね
あなたは　いつも　光に　包まれているからね
こわがらないで　いいからね
あなたは　ひとりぼっちじゃないからね
あのね
大切なことは　あなた自身を
愛することなんだよ

第151話　過去を手放しましょう

1.15.(火)　10:12

あなたのこころの声　内なる声
たましいの声を　聴きましょう

過去を　手放しましょう

手放すことで　悲しみ　怖れ　怒りを
解放することが　できます

あなたが　望むことを　すれば　いいんですよ

あなたの　願いは　叶います

あなたの　たましいは　すべて
あなたを　わかっています

あなた自身が　わからないふりを
するのを　やめれば　いいんですよ

いつも　あなた自身に　声をかけて
あげれば　いいんですよ

あなたは　守られています

安心しましょう

第152話　天にゆだねましょう

1.29(火)　12:25

人は　弱いです
泣きたい時　つらい時　苦しい時
無理をしないで　いいんですよ
あなたの　こころの　声を　聴いて
ゆっくり　休みましょう
答えを　見つけようとするのではなく
天に　ゆだねましょう

第153話　デトックスしましょう

4.3.(水)　8:39

涙を　流しましょう
涙を　流して　いいんですよ
無理を　しないで　いいんですよ
あなたのままで　いいんですよ

あなたの　願いは　叶います
あなたの　こころの中を　デトックスしましょう

第154話　変えるちから

5.31.(金)　14:16

この状況を　創り出したのは　あなたです
あなたには　それを　変えるちからが　あります

あなたは　受け身の　犠牲者では　ありません
超然として　この状況と　人間関係の
すべてを　変える　権利と　技量を　持っています

けれども　人を　責めたり
自分は　コントロールされていると
疑うならば　あなたは　そこから
抜け出せないでしょう

神と　大天使ミカエルに　呼びかけ
ガイダンスに　応じた　行動を　起こすことで
奇跡が　起こったかのように　すべてを
変えることが　できます

第155話　価値のある存在

6.3.(月)

あなたは　ありのままで
受け入れられる

価値のある　存在です
無理しなくて　いいんですよ
がんばらなくて　いいんですよ
もう　苦しまなくて　いいんですよ
私の価値は　私が　決める
あなたの　価値は　あなたが　決めて　いいんですよ

第156話　光り　輝いています

6.9.(日)　0:32

あなたは　何も　悪くありませんよ
人を　責める　相手は　弱者ですよ
必ず　責めた分だけ
自分に　はねかえってきます
何も　恐れる　必要は　ありませんよ
あなたの　光は　輝いています
天に　ゆだねましょう
不安な　気持ち　感情
怖れを　天に　取ってもらいましょう
私に　必要な　光エネルギーを
天から　降り注いで　いただきます
ありがとうございます
感謝します

第157話　人間関係

6.13.(木)　3:01

私が　愛に満ちた

優しい　人々に　囲まれるよう
私の　あらゆる　人間関係を
守って　ください
神様　天使様　あなた方が
愛のまなざしで　私を　見て　くださるように
自分を　見つめることが　できるように
していただき　感謝します
私の人格をたたえ　尊重して　いただき
ありがとうございます

私が　自分に対して　同様のことが
できるように　そして　自分のために
はっきり　主張できるように
勇気を　授けてください
自分で　自分を　尊重しましょう
あなたは　自分と　他者の尊敬を　受ける
価値のある　存在です
健全な　変化を　起こす勇気を
与えてくれたことに　感謝します

私は　前世の過去
現世の過去を　手放します

大天使　ミカエル　前世の過去　現世の過去
自分のせいにしてきた　物事に対し
自分を許す　サポートに　感謝します

思考　身体　感情　から　あらゆる

自責の念を　解放する
手助けを　してください

愛と　光の　存在として　待ち望まれた
完全な　創造物である　あなたに
ダメージを　与えることは　ないのです

人の「あやまち」では　なく
すぐれた　部分に　フォーカスしましょう

安らぎが　得られるように
神が　与えた　清い心を
抱かせてくれて
ありがとうございます

私が　こころから　望む　親密さを
味わえるように
こころを　開いて　他者に　愛を与え
そして　受け取りましょう

他者に　素直な　自分を見せ
あなたが　感じることを
天使に　伝えましょう

ありのままの　自分が　好きになるだけでなく
他者に　認められ　ささえられ
愛されるように　なります

経済的な　ニーズが　満たされます
法的事項で　有利な　結果が　得られます

大切なのは　こころの　平安を
手に　入れることです

その感覚が　有益な　解決法へと
つながるのです

大天使　ミカエルに　エネルギーの
浄化を　依頼する

大天使　ミカエル　私のこころと　この状況の
いたるところに　安らぎがあるという
気づきが　揺るがないよう　炎の剣で
恐れや　ドラマ　前世の過去　現世の過去に
付着する　エネルギーを
断ち切って　ください

第158話　愛ある言葉

7.17.(水)　10:55

無理をしないで　いいんですよ
あなたは　あなたのままで　いいんですよ
あなたの　光は　輝いています
あなたの　光が　人に　傷つけられたとしても
あなたの　本来の光は
奥深く　輝き続けています

あなた自身を　取り戻しましょう
あなた自身を　優しく　包み
慈しみ　愛ある　言葉を　伝えましょう

あなたの　そばに
ガイドは　います
あなたは　守られています
安心しましょう
あなたは　素晴らしい存在です

第159話　こころ　たましい　身体　肉体

9.19.(木)　15:53

あなた自身を　大切にしましょう
こころ　たましい　身体　肉体を
癒やしましょう

あなた自身を　大切にすることで
まわりの環境が　変わります
あなたの　大切にする人（存在）は
守られています
安心しましょう
あなたの　望むことを　考えましょう
望み（願い）は　叶います

第160話　現世の中で

2016.2.28.(日)

　私は、天上界から降り注ぐ光が、見えます。
　天上界から贈られるメッセージを受け取り、聴くことができ、自動書記ができます。
　他界した人たちの姿が見えて、声が聴こえ、他者に伝えることができます。

　自分の現世の過去、前世の過去生を見ることが、できます。

　光セラピーを行い、クライアントの守護霊と、話すことができます。

　輪廻転生のたましいと、向き合い、様々なことを学んでいます。

　現世で出逢う人たちの中で、前世で、どんな関係だったか、映像で見ることができます。

「学び」と「気づき」の中で、「愛」と「許し」を、学び、「怖れ」を手放し、天にゆだねれば、どんなに楽に、手に入るか、「引き寄せの法則」も、教えていただきました。

　実体験をしたからこそ、話せる話、伝えたい話が、たくさんあります。

　天上界から降り注ぐ光は、すべて平等に降り注がれていま

す。
　しかし、受け取る準備ができている人、できていない人で、差が出てくることが、わかりました。

　こころ、たましいがSOSを出していても、知らないふりをしたり、忙しいからと相手にしないでいると、身体に不調をもたらし、身体のSOSで、知らせています。

　自分自身を、いたわり、大切に、大事にして、愛してあげましょう。

　愛ある、あなた自身が、あなた自身を、慈しみ、幼い頃、して欲しかったことを、自分のオーラの中で、目を閉じて、潜在意識の中で愛してあげましょう。

　現在、今、この瞬間の思考が、あなたの未来を引き寄せています。

　あなたの思考が、目の前に現れます。

第161話　広島原爆ドーム

　私は小学生の高学年頃、図書の時間になると広島原爆を題材とする本を、何故だかわかりませんが、読みあさっていました。図書室で本を読む時間は、必ず広島原爆に関するお話でした。松谷みよ子さんの『ふたりのイーダ』という本が好きでした。『はだしのゲン』も何度も読みました。
　20代前半、私は旅行が大好きで、あちこち出かけていま

した。仕事をして、休みになると、必ずどこかに出かけたいという衝動にかられ、やっと友達と広島原爆ドームに行くことが、できました。嬉しくてしょうがなかったです。

　広島原爆ドームに入ると、友達とはお互い自由行動ということになりました。ひとり自由に歩き出して行くとだんだん気持ちが悪くなり、写真とかを見ていると、いつしか、遠くの方から声が聴こえ、それはまさに広島に、原爆が投下された直後の人々の声「助けて〜」「誰か〜」「苦しい」、泣き叫ぶ声、逃げる声、わめく声、それと同時に、広島市内を逃げ走る人、見たこともない姿で歩く人、死人の姿、訳がわからない映像が、私の頭斜め上あたりで映画のように、映像が流れました。

　そして急に深夜に、テレビが終わる時間になるとシャーッと音がなり、ザーッとする映像がありますが、それと同じようなものが見えたと思った瞬間に、「倒れる」と、思いました。

　私は、とっさにイスを探して、近くの長イスに腰かけました。

　すごく気持ちが悪くなりました。しばらく、座っていました。

　その後のことはよくわからず、覚えていません。

　原爆ドームを出て、友達と原爆ドームの前で写真を撮りました。後日写真が出来上がると、霊が写っていました。俗にいう、心霊写真でした。

　初めてかもしれません。

　宮島に向かう電車の中で、ぼぉ〜っと窓を見ていた時、トンネルに入ったところで、霊を見ました。2回見ました。霊は、一瞬で消えました。

旅行から帰った私は、原因不明の高熱、40度以上の熱が出てうなされました。2日くらいたって、熱は下がりました。
　母が職場で、霊を落としてくれる人を教えてもらって、一緒に行きました。

　だから広島原爆ドームは、二度と行かないと思いました。私にとって原爆ドームは、亡くなっている霊が、たくさんいる場所です。地縛霊の多い場所と認知しています。天上界に帰れず同じ場所で、ぼぉ〜ぜんとする霊が、たくさんいます。

　40代の頃、私は催眠療法（ヒプノセラピー）ができるようになりました。自分の過去、現世の過去、前世の過去へと退行するようになりました。

　私は、広島に原爆が落ちた時、赤ちゃんでした。乳飲み子です。でも母は、私を産んで、すぐに死んでしまいました。当然おっぱい、お乳が飲めない赤ちゃんは、亡くなってしまいました。生後5日の命でした。生後7日目に私は、捨てられました。

　その時、現世の母親は四国の香川県で、小学生でした。「広島に原爆が落ちた時、『ピカッ』と光って明るくなった」と言っていました。

　だからあんなに小学生の頃、広島原爆が気になり興味を持ち、原爆ドームに行ってみたい、行きたいと恋焦がれるよう

になったんだと、わかりました。行動には、意味があります。潜在意識の中で知っていた私が、前世のたましいの私が、現世のたましいに語りかけていたのかもしれないです。

　現世の母は今、他界しましたが、今も私の家族を心配して、見守ってくれ、あれやこれやと話してきます。他界した父も同様に、よく話しかけてきます。
　今でも助けてくれることが多いので、両親と先祖には、感謝をしています。

「どうもありがとう」

第162話　東京大空襲

　20代の頃から、霊がよく見えるようになり、恐かった。

　東京大空襲の夜。
「３月10日」
　川には、たくさんの死んだ人たちが、浮いていた。だから、毎年、必ず東京大空襲の夜になると、川を見るのが嫌いだった。橋を渡るときに、数えきれない死んだ人たちが浮いている姿が見えたから。恐いから、自然に、橋を渡るときには、道路側を歩く。川に近い方からは、離れて歩くが、どうしても、視界に入る。怖かった。何故なのか。霊は自分が亡くなった日に霊力が強くなる。だから、はっきり見える。「ここで死んだんだ」火事で「火が熱い」と感じ、川に飛び込んだ人たち。罪のない人たちが、たくさん死んだ。戦争は嫌だなと思う。

第163話　雨に濡れることが嫌い

　私は、昔から、幼い頃から、雨に濡れることが嫌いだった。
　小雨でも、霧雨でも、雨に濡れることが嫌いなので、傘を持っていないときに雨が降ると、必ず傘を売っているお店を探し、傘を買っていた。その理由が、前世に退行して、わかった。

　私は黒人奴隷で、奴隷船に乗り、逃げようとしてつかまり、裸で逆さづりにされ、むちで2時間、何度もたたかれ、からだじゅう血だらけになり、そのとき、雨が降り、むちで、たたかれることは、終わった。その時は、まだ、死んでいなかった。
　かすかに、記憶がある。寒い。冷たい。雨に打たれながら、あたたかいスープが飲みたいと、思いながら、死んでいった。
　死んでからも、雨は降り続き、1週間ずっと、そのまま、逆さづりのまま、雨に打たれ、死んでいた。

　だから、私は、雨に濡れることが嫌い。

　今の50代世代の人ならわかると思うのだが、昔テレビで『ルーツ』という黒人奴隷のドラマがあったのだが、まさに、私の前世はその世界。見ていた当時は、とても興味をひかれ、印象深く、こころに残っていた。

　前世で、私は、男性。若い。アフリカで、足が速く、よく走っていた。

奴隷狩りの時も、みんな、すぐにつかまっていたが、私は、容易に逃げていた。
　だが、わなにはまり、つかまってしまった。奴隷船の中は、すごく苦しかった。
「暑い」って言葉で言い表すことができないくらいの暑さ。
白人は、黒人を、牛や豚と同じように、家畜以下の扱いをした。

　何故黒人が、白人の奴隷にならないといけないのか、よくわからなかった。
　ご主人様というやつが、そうとうな悪で、ひどい目に遭わされた。
　考えられないような、扱いだった。

　前世のたましいを癒やし、楽になれるように、よく話をしよう。
　天上界にゆだねよう。

　たましいは、たくさんの記憶をかかえ、現世につながる。
　現世のたましいは、現世で生きるためのものだから、大切に、自分を愛していこう。

　私は、私のたましいを、大切にします。
　命を、大切にします。

　天に、感謝をします。
　天上界の光に、感謝をします。

どうも、ありがとう。

第164話　伊豆スカイライン

20代前半の頃、HONDA CBX125F、黒・白・赤のバイク。

ヘルメットはSHOEIのフルフェイスの赤。

つなぎも、黒・白・赤、ネームもつけて、ブーツを履いて、手袋つけて、休みになると、ツーリング。

北海道ツーリングもした。

ディズニーランドの駐車場から花火を見たり、奥多摩の峠、横浜、箱根、暇さえあれば、ひとりで走ったり、友達と走ったり……。

春の彼岸、春分の日、ひとりで、ぶらっと、伊豆まで走ろう。

箱根ターンパイクの駐車場で、ライダーたちとおしゃべり。

伊豆スカイラインを走り、石廊崎に到着。夜、ひとりで帰る時、伊豆スカイラインを走っていた時、真っ暗で、恐いなぁ〜と思いながら、早く帰ろうと思いながら、ただひたすら走っていた時、左肩に、強くバンと何かが当たる衝撃を感じて、あれっ、何だろうと思いながらも、走っていると、何故か、道がわからなくなり、夜遅く、どっちの道か、わからない、迷子になってしまい、どうしよう、走っても、何故か、同じ道に出てしまう。

困っていた時、1台のライダーが現れ、私の前を走り、道案内、誘導しながら走ってくれて、都内の、わかるところまできたら、そのライダーは、手をさっと上げて、走り去って

行った。

　とても優しいライダー。どうもありがとう。

　私は、と、言えば、夜遅くに自宅に着いて、翌日には、原因不明の高熱が出た。

　あの時、左肩にバンと強く当たった時に、霊が乗った。
　無縁仏が乗ると原因不明の熱が出て、どこにも行きたくなくなる。
　死にたい気持ちになる。

　母親と一緒に、無縁仏を取ってもらう霊媒師さんのところに行き落としてもらう。

　20代の頃は、よく無縁仏に乗られ、そのたびに、自分が自分でなくなる感覚になり、大変だった。

　死んだ霊は普通、霊界に、天上界に行くのだが、何故か、現世に残る霊がいる。

　その霊は、自分が死んだことを理解できずに、友達が欲しくて、生きている人間に乗る。
　乗ると、生きている人間のこころ、たましいを読み取り、ほんの小さな悩みを、大きく、ふくらませて、「死にたい」と思う気持ちにさせてしまう。

　友達、仲間が、欲しいから。

原因不明で「自殺」をしてしまう人は、その霊、無縁仏が、大きく関係していることがある。

事故死などで死んだ霊、無縁仏は、命日に霊力が強くなる。
だから、同じ場所で、よく、事故がある場合、霊、無縁仏が影響している。

私にぶつかった霊も、伊豆スカイラインで死んだ無縁仏だった。
友達が欲しかったから、友達を求めて、生きている人間に乗る。

それから、霊は、お彼岸の前後、お盆などは、夜の道路に、うようよ歩いている。

30代の頃から、わたしの霊感が、強くなり、無縁仏、霊が乗っても自分で落とすことができるようになった。

40代の頃、天上界の光が見えるようになり、それと同時に、メッセージを受け取ることが、できるようになった。

20代の頃は、見たくもない霊を見てしまい、恐い思いを何度もしたが、40代の頃から、スイッチのオン、オフが、できるようになった。

今は、50代。自分で無縁仏が乗ると、すぐわかる。
子どもが、夜遅く帰り、何故か連れて帰ってくると、私に乗る。

それで、こころの中で、自分に、問いかける。
「死にたい」と言うと、無縁仏、霊が乗っていることになる。
　不動明王に頼んで、霊界、天上界に、おくってもらう。
　それから、また、こころの中で、自分に問いかける。
「死にたくない」と言う。
　自分の、たましい、こころに、戻ったとわかり、眠ることが、できる。

第165話　供養の方法

　あなたの大切な人が亡くなって、他界した時に、どうしたらいいのか。どうしたら喜ぶのか。知りたい時に、読んでもらえたら嬉しいです。

　あなたの大切な人が他界すると、あなたを見守ってくれていると信じましょう。

　他界した大切な人は、あなたが手を合わせて、目を閉じて、名前を呼べば、必ず目の前に来てくれる、と、信じましょう。

　その時に、他界した方の、好きな飲み物を供えてあげると、喜びます。通常は、コップに1杯の水で、大丈夫です。
　あなたが飲みたいものを、一緒に飲んで、一緒に話しましょう。
　ただ、それだけで、仏様は喜びます。おしゃべりをすると、仏様も楽しいです。

たまに、仏様の好きだった食べ物を供えてあげると、仏様は喜びます。そして、あなたが食べると、仏様が、あなたに、乗り、一緒に食べることが、できます。楽しいひとときを過ごしましょう。

第166話　マリーアントワネット

40代の頃、私は催眠療法（ヒプノセラピー）ができるようになり、自分の過去、現世の過去、前世の過去へと、退行するようになりました。私が初めて前世体験をした時、私が見た世界は、マリーアントワネットが、命を落とす直前。

牢屋の中にいて、そこからギロチンの場所。命を落とした直後。天上界、空の上から、その当時の現世を眺めて、怒っていた。

話を聴くと、まったくでたらめ。マリーアントワネットは、まわりの人間たちに陥れられたそうで、今、現世で知られている歴史は、全然、でたらめ。

史実に合っていない。後世の人間がつくりあげた空想の読み物らしい。

私が中学生の頃、漫画『ベルサイユのばら』を何度も読んでいた。テレビもあり、「オスカル」「アンドレ」の世界を楽しんでいた。

そして、私が20代の頃、初めての海外旅行が「フランス」

ひとりたび。

　友だちには、本場の「フランスパン」が食べたいと言った。だけど、本音は、霊感が強くなり、無縁仏に乗られてばかりの生活で、「死にたい」と思っていた。だから、恐いもの知らずの世界。フランスに行って、そのまま死んでも、いい、と、思っていた。

　だけど、せっかく、フランスに行くのだから、フランス語を話したい、フランス語を話そうと思い、フランスに行く3カ月前から、テレビ講座とラジオ講座を学び、耳慣らしをした。英語は中学から習って聴いたことがあるが。フランス語はない。ラジオ講座、テレビ講座を、集中して学ぶと、効果絶大。初めての海外旅行。ひとりで、自由に、1週間のフリープラン。

　飛行機の隣に座っていた男性は、フランス人。商社の方で、日本語ぺらぺら。

　仲良くなったので、入国する時、そのフランス人と一緒に入国ゲートを入ったので、入国するのがとても早く、そのフランス人の家族がお迎えに来ていたので、一緒に空港前で写真を撮り、シャンゼリゼ通り、凱旋門近くのホテルまで、送ってもらえることになり、とても楽しいスタートとなった。

　ついに、あの、漫画の世界、マリーアントワネットのヴェルサイユ宮殿でサイクリングを楽しむことができた。他に

も、ミレーが暮らしたバルビゾンや、ルーヴル美術館、ロワール古城、一日一日を、ゆったりと楽しむことができた。『地球の歩き方』を読んで、学んで、楽しいたびだった。

そんな出来事も、前世で私が、マリーアントワネットだったから。だから、あんなにフランスに行きたいと思ったのか。つじつまが合う。前世のたましいと、守護霊、神と天使が命を助けてくれた。感謝です。どうも、ありがとう。

私の前世がマリーアントワネットだったと知り、ビデオ屋で、映画『マリー・アントワネット』を借りてきて見ていると、前世のたましい、マリーアントワネットが声を出してきて、映画を見ながら、文句を言う。こんなのうそ。こんなの違う。まったくうそ、と言うことが、多い。

でも事実と同じ時は、「そう、そう」「もっと、こうなのよ」と、乗り出して話してきた。

わかったことは、歴史というのは、後世の人間が、自分たちの都合の良いかたちで残していくんだということ。

フェルゼンとの関係もマリーアントワネットのたましいが、話してくれた。

私は、現世で30代の頃、前世がフェルゼンだった、たましいの持ち主と出逢った。その時は、わからなかったが、前世が見えるようになった、40代の時、私の頭の斜め上あたりで、映像が流れ、見せてくれた。

前世で生きた国には、現世で出かけることが、多い。前世のたましいが、現世のたましいに伝えたいメッセージがある。

　前世で出逢った人と、現世でも出逢う。その人間関係は、かたちを変え、前世とは違う人間関係だけど、「学び」と「気づき」、必ずある。

　天上界に、感謝をします。教えてくれて、ありがとう。

　― マリーアントワネットの真実 ―

「あなたは、誰ですか？」

「えっ！　私は……。
　私は、マリー」

「あなたは、どこにいますか？」

「私は、狭い部屋、幽閉されています」

「何色の服を着ていますか？」

「ねずみ色、グレー。
　私は、こんな色好きじゃないのに……。
　どうして、みんな、わかってくれないの。
　真実は、葬りさられた……」

「あなたは、どこにいますか？」

「ギロチン台の前。
　誰も、私のことを信じてくれなかった」
「私は、何も悪くない」
「確かに、きらびやかなものが好き」
「好きだったわ」
「だけど、パリのみんなが、苦しんでいると聞いて、私は、自粛したわ」
「パーティもしてないわ」
「私は、パリ市民に、食事が、できるようにと、金貨を渡したわ」
「大臣が、寄付をと申せば、国王に代わって、判を押したわ」
「私のネックレスやドレス、すべての貴金属も渡したわ」
「私は、それで、パリのみんなを救えると思ったのよ」
「それなのに、大臣やつかいの者が、私をだましたの」
「私は、だまされていたの」
「私は、ずっとトリアノンで、ずっとひとりだった」
「はなやかな生活は、はじめだけ」
「なにもかも、制約がうるさくて、私は、うんざりしていたわ」
「世間では、私が、夜な夜な遊んで、贅沢三昧していると」
「そんなの、でっちあげ」
「現在で言うなら、マスコミが、勝手なうそを流した」
「おもしろおかしく、宮殿の中を書き立てた」
「その当時、イサベラがいたの」
「私のことをとてもよくしてくれた」
「死んでから、わかったことなのだけど、すべて、イサベラ

が、私を陥れる罠だったの」
「イサベラは、国王が好きだった」
「だから、私が邪魔だった」
「国王の情愛を受け取ったのは、イサベラよ」
「私には、3人の子どもがいるけれど、すべて国王との子どもじゃない」
「正確に言うと、国王とイサベラの子がふたり」
「シャルルだけが、私の本当の子ども」
「愛しいシャルル」
「離れ離れにされてしまって、すごく悲しかったわ」
「シャルルは、私とフェルゼンの子」
「フェルゼンだけが、籠の鳥の私のことを、わかってくれたの」
「彼と一緒に、フランスを出たかった」
「だけど、フランス王妃と言う肩書の私を、宮殿の人間は許さなかった」
「現在で言えば、大人のいじめよ」
「私の真実は、パリのみんなには伝えられず、でっちあげばかり」
「私は、オーストリアに、帰りたかった」
「手紙を書いても、お母様には、届いていなかった」
「何もかも、真実は闇の中」
「歴史は、後世の生き延びた人間の都合がいいように書かれているものばかりなのよ」

「私は、何も悪くない」
「それなのに、群衆は、私の死を喜んだ」
「天に召されて、空から見ていた時、とても悲しかった」

「私は、生きている時、パリのみんなが住んでいる場所に、遊びに行きたかったの」
「だけど、止められたの」
「宮殿の中は、息苦しくて、何も楽しくなかった」
「パリの財政が厳しいとわかった時、私は貴族の人間たちに舞踏会はやめましょうと言ったの」
「でも、私みたいな小娘の意見なんか、即座に却下されたわ」
「実権を握っていたのは、イサベラだったの」
「イサベラは、イサベラ自身が遊んでいることを市民に伝えず、すべてマリーアントワネットが無駄遣いをしていると市民に伝えた」
「私が、私の貴金属をお金に換え、パリ市民にパンを与えるように命じたことも、すべてイサベラがしたと市民には、伝え、私は、贅沢な食事をしていると伝えているようだった」
「パリ市民は、私を憎むようになったの」
「真実では、ないのに」
「どうして、そうなるの？」
「私が、あの場所で、ギロチンにあうことは、決められていたことなの？」
「どうして、私は、あの場所で、あんな形で、死ななくてはいけなかったのか？」
「私は、今でもわからない」

　　　　　マリーアントワネットは、1755－1793（37歳亡）
　　　　　　　　　　　　　　　現在2010年
（マリーアントワネットの真実は、私が、前世に退行した時の
　会話です）
　217年の月日がたったのに、マリーは、真実を知ってもら

いたくて、私に話しかけてくれました。

　私は、20代の時、はじめての海外旅行にひとりでフランスに１週間行きました。
　フランス語の勉強は、ラジオ講座とテレビ講座、３カ月でした。
　ベルサイユ宮殿のサイクリングコースをサイクリングしました。
　マリーアントワネットの寝室や宮殿の中を自分の足で歩きました。
　フランスは、高校時代、『ノストラダムスの大予言』の本を読んで、何故か、その当時のアンリ２世の時代が知りたくて、国会図書館に足を運んでレポートを作成したりしました。
　ロワール古城、シュノンソー、バルビゾン、何故か、とても懐かしく、居心地が良かったです。

　前世があって、現世があります。
　たましいは、輪廻転生。記憶は、潜在意識の中に記憶されています。

　　　　　　　　　　　　　　　現在2016年３月
　私のたましいの記憶には、マリーアントワネットの記憶が残っています。

第167話　前世と現世

　私が40代の頃。

現世で生活している時に、私の頭の斜め上あたりに映像が流れ、現世で出逢っている人の前世の姿が見え、前世で私と、どんな人間関係だったのか、教えてもらえるようになった。

　例えば、現世で上司、社長が、前世では私の母だったり、

　　現世で上司が、前世では夫だった

　　現世で夫が、前世では敵だった

　　現世で友だちが、前世では夫だった

　　現世で大切な人が、前世でも大切な人だった

　　現世で友だちが、前世では陥れる人だった

　　現世で大切な人が、前世では兄弟だった

　　現世で兄弟が、前世では夫婦だった

　　現世で母が、前世では子どもだった

　　現世で友だちが、前世でも友だちだった

　　現世で大切な人が、前世では夫婦だった

と、いうように、前世で深い人間関係だった、たましい

と、現世でも深い人間関係となり、「学び」現世での、たましいの成長を、助けてくれている。

　輪廻転生、たましいは、たくさんの記憶を、持っている。たましい、こころの記憶、潜在意識の中で、開花する。だが、現世のたましいは、現世のたましいのものだから、前世のたましいを、恐れる必要はない。

　現世で、好きなこと、やりたいこと、ありのままの自分自身を大切にして、生きること、生かされていることに、感謝をしていくことが大切。

　天上界の光は、皆に、平等に降り注いでいる。だから、感謝をして、光を浴び、受け取ればいい。

第168話　アンリ２世

　40代の頃、私は催眠療法（ヒプノセラピー）ができるようになり、自分の過去、現世の過去、前世の過去へと退行するようになった。前世体験をした時、私が見た世界では、私がアンリ２世のたましいを、共有していた。

　— アンリ２世が語る —

「私は、どうしたらいい？」
「私は、暴君だった」
「罪のない、民も殺した」
「私は、好きなように生きていた」

「たましいが、繰り返し使われ、別の人生をおくることなど知らなかったのだよ」
「わしがおかした罪で、後世の人間がこのように、罪を背負うことなど到底考えも及ばない」
「あるがままに生きていた」
「そのことで、君が苦労していたのは、よく知っていた」
「見ていたからね」
「わしにできることは、あるかい」

2010年8月11日(水)
　その前の8月8日日曜日の夜、右目がとても痛く、槍が目に突き刺さった痛みでした。

　私は、目をアイスノン（保冷剤）で冷やし、眠りにつこうとしましたが、その時もアンリ2世が語りかけてきて、「こんなふうに痛かったんだ」と私に教えてくれました。
　上記に書いた文章を何度も言われ、「私の言葉を原稿に書いてくれ」と言われました。

　やっと落ち着いて、アンリ2世と向き合うことができました。

　彼は、「どうしたらいい？」と私に尋ねてきますが、私もわからないです。でも今思うことは、今はアンリ2世の身体じゃないこと。

　私の身体です。現世の私のたましいが、自由に考えて、生きられる人生です。

ならば、見守ってください。私のたましいは、輪廻転生を繰り返し、様々な人生を歩んできました。そして、現世の今の私がいます。

　私がやりたいように、私は、自由に生きていきます。現在私は、チャネリングをして、ハイヤーセルフたちに、相談することができるようになっています。そのちからを生かしていきます。

　前世で、アンリ２世が罪をおかし、そのことで殺された人たちも、今、現世で生きています。だから、その人たちが、悩み、苦しんでいた時に、私と出逢い、生きる光をみいだすことができれば、それはとても嬉しいことです。応援してください。ちからを貸してください。導いてください。

　私の前世のたましい、見守ってくれて、ありがとう。
　私は、あなた達がいるおかげで、こころ強いです。

2010年８月12日㈭

アンリ２世が、教えてくれたことです。

「わたしは、この国（フランス）の民のことを、守ったのじゃ」
「民を守り、敵国からの侵入を守った」
「多くの戦いがあった」
「そしてようやく、平和がもたらされた」
「しかし、わしを暗殺しようとするやからは増えたんじゃ」
「増えるたびに、わしは、さいぎしんのかたまりになって

いった」
「こころ許す者など、おらんようになった」
「みんな、したごころがあるようになり、本当に、わしがこころを許せるのは、ポワチエだけになった」
「みんな、よからぬうわさをたてる」
「あてはまらぬが、ほうっておいた」
「消したところで、またはびこる」
「世のつねじゃ」
「気にすることはないと思っておったが、後世の世でもそのままになっているとは、の〜」
「おもしろおかしゅう書くやからが、多いのじゃのう」
「さいぎしんだけは、死ぬまで消えんかった」
「どこにいても、命をねらわれておるようで、こころ休める場所は、ポワチエの部屋だけじゃったんだ」
「王というものは、重圧でつぶされそうになる」
「その時、助けてくれたのが、ポワチエじゃ」
「ポワチエとは、男と女の関係など、どこにもない」
「ただわしが、疲れた身体をゆいいつ休めることが、できた場所じゃ」
「暗殺の心配もなく、ゆっくり休めた」
「たわいもない話をなにも言わずだまって、ほほえんで聞いてくれたんじゃ」
「本当に助かった」
「ありがとう」

　ポワチエのたましいは、のちにわたしのたましいが、マリーアントワネットになった時、フェルゼンとなって、わたしを救ってくれました。

現世でも、私が30代の時、とてもつらい時期に、私の前に現れ、私のこころを救ってくれました。私が、自分自身を大切にしない時期があった時、「自分を大切にすること」を教えてくれた人です。

　今は、この現世にはいない人です。40代の時、心臓病で天に召されました。その時、逢いに来てくれて、私は、死ぬ時の苦しさを体感させてもらいました。
　こんな死に方だった。ということが、わかりました。
　本当に苦しかったです。
　体感してからは、ことあるごとに、私の前に現れ、メッセージをくれます。ありがたいです。
　私のことをいつも見守ってくれています。
　感謝しています。ありがとう。

　信じる人だけに、わかってもらえればいいです。
　人は、見えないと、聞こえないと、体感しないと、信じるということは、難しいと思います。

　私は、最近光ばかり見ます。人のたましいの光です。
　たましいの光の色は、すべての人が違う色をしています。
　本来、持っている個性です。自分の個性を、ありのままの姿を表現している人のオーラは、輝きを増して人の目にも気づきをもたらしています。

　自然界の光、宇宙から降り注がれている光の素晴らしさを伝えていきます。とてもステキな光を見せていただいています。

チャネリングをして、ハイヤーセルフと共に会話をして教えてもらったことを伝えていきます。
　生きていくために必要なことだったり、生きるためのヒント、課題なども教えてもらえます。

「アンリ２世」

　マリーアントワネットが、
「どうしてあんな死に方をしなければいけなかったのか？」

　と、何度もわたしに言い続けて、水曜日の午前０時過ぎ、５日目。
　私は、「アンリ２世だった」とわかりました。
（2010年８月４日に、わかりました）

　ずっと頭が痛く、右目がすごく痛い。
　槍でつき抜かれた痛み。
　それと同時に、左胸、心臓を剣で突き抜かれた痛みがあった。

「わたしは、アンリ２世だった」と思った瞬間、映像が私の頭の斜め上あたりで見えて、感情も、よみがえりました。

「右目が痛い」
　自然に涙が流れました。

「わたしは、暴君だった」
「たくさんの人を殺した」

「人の死など、まったく気にしていなかった」
「わたしが言えば、なんでもできる」
「なにも怖いものは、なかった」
「わたしは、孤立していた」
「淋しかった」
「生きている時、人の痛み、悲しみは、わからなかった」
「権力をおもうままに使っていた」
「だから、わたしは剣で胸をつかれ、死となった」
「本当の愛を知らなかった」
「だから、生まれ変わって、愛を知ろうと思った」
「きっと、わたしのたましいを持ったマリーアントワネットは、わたしがおかした罪、多くの人たちを殺した、うらみが、マリーアントワネットに降ってきたのだろう」

「すまない」
「悪かった」
「わたしは、どうすればいい」
　と、わたしにアンリ２世のたましいが、話してきました。

　マリーアントワネットの人生を見て、マリーアントワネットの感情を感じとると、歴史はどうしてうそばかりなのだろうと現世の私も感じます。

　アンリ２世の感情とマリーアントワネットの感情は、まったく違います。

　マリーアントワネットは、聖女です。とてもこころ優しい女性でした。なのに、その時代のまわりの人たちに聖女がお

こなった言動や行動を伝えず、悪人にしたてあげていったのは、アンリ２世の罪のせいなのでしょうか？

　現世の私には、わかりません。
　だけど、アンリ２世のたましいは、劇的に変化して生まれ変わったのに、マリーアントワネットは認めてもらえなかった。

　マリーアントワネットは、聖母マリアのように、フランス国民、パリ市民を愛しました。
　愛したのに、わかってもらえず、オーストリアに戻りたかったのに、戻れず死となりました。

　マリーアントワネットは、とても淋しかったと言います。幼い頃、母親に髪をとかしてもらっていた頃が、一番しあわせだったと言います。

　高校時代、アンリ２世の時代を国会図書館まで行って調べた理由は、「私がアンリ２世だったから」と確信がもてました。

　この世には、輪廻転生があると伝えるために私は生かされています。

　何故私は、前世ばかり見えるのでしょうか？
　見せていただいている前世から、私はなにを学べばいいのでしょうか？

私が高校３年生の時、『ノストラダムスの大予言』という本が流行り、私は友だちから借りて読んだ。読むと何故かわからないが、アンリ２世の時代がすごく知りたくなり、高校３年なのに、受験勉強をしなくてはいけないのに、国会図書館に行って、参考となる本をたくさん読んだ。世界史の担任にも、特別授業を頼んだりした。レポート用紙に、ヴァロワ朝、第10代のフランス王、アンリ２世、メディチ家カトリーヌ・ド・メディシス、ディアーヌ・ド・ポワチエ、モンゴムリ伯と馬上槍試合で、アンリ２世が右目を貫かれたことなど、何で、あんなに真剣に勉強したのか。受験は「日本史」だったのに、「何故」と、思いながらも、知りたくてしょうがなかった。

　前世の「アンリ２世」のたましいが、私に知って欲しかったから、私は、知らず知らずのうちに、引き込まれたんだとわかった。

　今みたいに携帯があれば、あんなに足を運んで、一生懸命に調べなくても、楽に知ることができたはず。時代は変わり、なんと便利になったことだろう。

　私が20代前半の頃、初めての海外旅行「フランス」ひとりたび。

　アンリ２世のロワール古城、シュノンソー城に行くことができた。

　とても、嬉しかった。何故だかわからないが、懐かしく感

じた。

　私のたましい、前世のたましいの記憶、アンリ２世のたましいが喜んでいたから、現世の私も嬉しかったと、今思うと、納得ができる。

　そして現世の夫が、前世でアンリ２世の右目を槍で貫き、それが原因でアンリ２世は他界した。

　因縁深い関係だと思う。

第169話　宇宙の引き寄せの法則

　宇宙は果てしなく、広く、壮大で、人間が考えるよりはるかに大きく、大らかで、あたたかい愛に包まれています。

　あなたのたましいは、宇宙からみれば、ひとつの光です。宇宙のパワー、天上界は、あなたのたましいが考える思考を、いつも反映させてくれています。

　宇宙、天上界から、あなたが考える思考は、そのまま引き寄せてくれます。あなたにとって、良いこと、悪いこと、それは関係なく、潜在意識の中で、あなたが天に発信している思考を、そのまま受け取っています。だから、すべて、あなたの思考が、現実の今を創っています。誰もが、平等に、受け入れてもらっています。

　願いは、叶います。欲しいと考える思考が、手に入りま

す。愚痴もすべて、宇宙には届いています。だから、常に、こころをクリアーにすることが、大切です。難しいと考えれば、困難になります。簡単に手に入ると思えば、容易に手に入ります。

　すべて、あなたの思考が、天上界の大きな鏡に映しだされています。
　うそをついても、こころ、たましいは、丸見えです。

　あなたの身体、細胞、ひとつひとつに、感謝をするといいでしょう。
　ひとつひとつの細胞の中に、あなたの「悲しみ」「怖れ」「怒り」の感情が蓄積されています。

　あなた自身が、あなた自身の身体、こころ、たましい、ひかり、細胞、ひとつひとつに、時間をかけて、感謝をして、いたわり、愛してあげることで、しあわせが近づきます。しあわせと言っても、人それぞれです。価値観の違いが、あります。あなた自身にとって、嬉しいこと、楽しいこと、幸せだなぁ〜と感じる、体感覚、肌で感じる、直感を、信じましょう。

　しあわせは、あなた自身が決めるものです。他のひとには理解できなくていいのです。あなたが、こころおどる、喜べるもの、素直に、ちからを抜いた時に自然に微笑むことができるものが、あなたにとっての「しあわせ」ですね。

　人と比べず、たましいの声を聴いてあげましょう。幼い頃

の声を、聴いてあげましょう。あなたの、たましい、ひかりは、素晴らしい光です。
　ひかり輝いています。

　美しい光に、感謝をしましょう。
　愛に、感謝をしましょう。あなた自身を包み、大切にすれば、他者も大切にして、いたわりのこころを持てば、同じように、いたわりを持ってくれます。

　美しい、大切な命、ひかりを、大切に愛しましょう。
　愛が、あなたを包み、オーラの中で、愛に包まれます。

　今のあなたが現世でいることは、現世で、たましいを輝かせるためです。あなたの、たましい、光を輝かせましょう。

第170話　信念　信じるちから

　信じるちから、偉大です。奇跡を起こすちから、エネルギーがあります。あなたが信じることが、大切です。信じることで、「ちから」を発揮します。

　目を閉じて、大きく、深く、ゆったりと、深呼吸をしましょう。

　リラックスしましょう。
　神と天使に、ゆだねましょう。

　あなた自身を、信じましょう。

あなたなら、できます。

あなたの潜在意識の中に、あなたの未来が見えています。自信を持って「生きる」こと。

自分自身を、愛と慈しみを持って、大切に、抱きしめましょう。
こころから、自分自身を、愛しましょう。

あなたのこころ、胸に手をあてて、あなたが、したいこと、やりたいことを、聴いてみましょう。

ひとつずつ、ゆっくり、進めてみましょう。

あなたにしかわからない、あなただけがわかる、嬉しいこと、喜ぶこと、幸せだと感じること、微笑むこと、笑顔になること、ゆっくり、考えてみましょう。

しあわせが、ひとつ、また、ひとつ、増えていきます。あなた自身を信じて、あなたの悲しかった出来事を聴いてあげましょう。あなたは、何も、悪くないです。つらかった出来事を、聴いてあげましょう。あなたは、よく、がんばりましたね。もう無理はしないでいいですよ。

時間をかけて、あなた自身を、取り戻しましょう。大切な命。光を、優しく抱きしめ、愛しましょう。

天上界の愛のひかりエネルギーを、たくさん浴びて、あな

たに必要なエネルギーを、いただきましょう。安心して、心地よい光エネルギー、オーラの中で、ありのままのあなた自身を、見つめましょう。

　おなかに手を当てましょう。
　あなたは、愛されています。
　あなたは、守られています。
　あなたは、幸せになる価値のある存在です。

　あなた自身が、抱える、罪を許しましょう。
　天上界に、ゆだねましょう。ゆだねることで、楽に落とす、捨てることができます。
　重い荷物は、持つ必要は、ありません。
　身軽に、好きなことだけ考えて、楽しく歩いていきましょう。

　神と天使は、あなたの味方です。
　安心しましょう。
　あなたは、ありのままの、あなたでいれば、いいのです。
　あなたの、たましい、光は、美しいです。

　光り輝く道を、歩いていきましょう。

第171話　母と子の絆

　一番読んで欲しいのは、独身女性、これから母となる女性、それから現役ママ、子どもを育てている母親、女性、そして、現役ママを支えているパパ、父親、男性に、読んでい

ただきたいと思います。
　子どもを守る、祖父母の方たちにも、読んでいただけたら、嬉しいです。

　赤ちゃんは、お母さんを選んで、おなかの中に入ります。その時の赤ちゃんは、母親のおなかの中で、まわりの声、音を聴きとっています。

　胎教が大切と騒がれるようになりました。一番大切な胎教は、おなかの中の命、赤ちゃんの存在を認めてあげることです。
　母親となる女性の気持ちは、様々です。嬉しいと手放しで喜ぶ女性。不安な気持ちになってしまう女性。100人いれば、100通りの気持ち、考えがこころに浮かぶことでしょう。

　その時に知っておいてほしいことがあります。それは、赤ちゃんが、母となる女性のこころの中を読み取る力があるということです。そして、母親だけでなく、母のまわりにいる存在、自分の父親となる人のこころ、気持ちもわかります。そのまわりの祖父母のこころの中、母が話す人たちの気持ち、親戚の人、友だち、職場の人、近所の人、母が話す人は、すべてわかります。
　赤ちゃん、胎児のこころは、こころの目で、相手のこころ、気持ちを知る力を持っています。その時に、胎児の脳は大人の脳に比べて、未発達な部分が多いです。そこに、落とし穴があります。

　胎児は「母親が大好き」です。胎児が母親を選びました。

胎児は母に愛してもらいたい、と、こころから思って、おなかの中で呼吸をしています。
　母親は、胎児が母親自身を、こんなにも見ていることをわかりません。だから、愛のない言葉を言ってしまったり、愛のない行動をとってしまったりします。どんなに子どもを愛する母親でも24時間、365日愛を注ぐことは、不可能です。

　そこで胎児は、未発達な脳であるため、「私は、愛してもらえない」「私は、構ってもらえない」「私は大切にしてもらえない」「どうでもいい存在だ」「いない方がいい存在だ」「いてもいなくても一緒なんだ」と〈生死にかかわる信念〉を持ってしまいます。

　胎児にとって必要なことは、母親から「愛してもらうこと」「構ってもらうこと」「大切にされること」「わかってもらうこと」などです。生きていく過程で必須だと、本能が判断しています。母親が食事をとることは、胎児にとって、命を大切にされることであり、生きていくことができます。この胎児のニーズが満たされないできごとに遭遇すると「生死に関わる」と判断します。成長の中で強化されるできごとに遭遇すればするほど、この信念は強くなります。

　私がこのことを知るきっかけとなったのは、40代の頃、催眠、催眠療法（ヒプノセラピー）、退行、インナーチャイルドセラピー、過去世回帰の体験をしたことで、わかりました。

　私自身、幼い頃からスピリチュアルな世界を無意識の中

で、こころと身体が感じとっていました。世間一般に言われる、霊感があるという存在でした。この話を読んで、信じる方、疑う方、いろいろいらっしゃると思います。信じる、信じないは別として、この話を多くの人が目にすることで、私のような人間がいるのかもしれない、そんな世界があるかもしれないと思っていただけたら、嬉しいです。

　私は、「子どもが大好きです」「子どもの笑顔が大好きです」「子どものキラキラ輝く目が大好きです」赤ちゃんの小さな手、足は、力強く、一歩一歩、前進していく姿を見守ることが、大好きです。

　私は、元保育士です。保育士の仕事は、私にとって天職です。こころから、笑顔にされ、癒やされます。子どものエネルギーをいただいて、私自身も笑顔になれました。私立保育園、公立保育園、幼児教室、重症心身障害児（者）施設、ベビーシッター、託児室、お受験の幼児教室で、たくさんの子どもたちと関わってきました。そこには、必ず、母親がいます。事情があって、母親のいない子どももいました。
　私は、保育士として、多くの母親の育児相談、教育相談を担当してきました。現在、私は、幼稚園教諭２級免許、保育士資格、子育てアドバイザー資格、セラピストの資格を持ち、チャネラーです。

　私の体験した内容を話すことで、母と子がしあわせになってくれることが、一番の願いです。
　たましいは、永遠です。輪廻転生しています。前世、現世、来世と、たましいは課題を持って、たましいの「学び」

のために、生まれてきました。

　チャネリングをして、教えてもらったことが、あります。それは、今、生きているすべての人が、ひとりひとり、「素晴らしい存在」であることです。皆、ひとりひとり、個性豊かで、感受性を持ち、光り輝いています。誰ひとりとして、同じ人は、いません。みんな自分自身の「光」を輝かせるために現世に生まれてきました。生活環境は、いろいろです。皆、違います。しかし、皆、自分自身のたましいは、「生まれてきた目的」を持って、母親を選び、現世で生きています。私は、現世で生きる、すべての人を、応援します。

「あなたは、幸せになる価値のある存在です」
「あなたは、受け入れられる、価値のある存在です」
「あなたは、わかってもらう、価値のある存在です」
「あなたは、認めてもらう、価値のある存在です」
「あなたの価値は、あなたが、決める」
「あなたは、大切にされる、価値のある存在です」
「あなたは、ありのままで、素晴らしい存在です」
「あなたの人生は、あなたが、決める」
「あなたは、ありのままで、愛される、価値のある存在です」
「あなたは、豊かになる、価値のある存在です」

　読む時に、「あなた」の部分を「私」に置き換えて読んでいただければ、なお一層、あなた自身の、たましいが癒やされます。

「私は、幸せになる、価値のある存在です」

と、言うようにして、おへその上に、両手を置いて、自分自身のたましい、こころに向かって、話しかけましょう。

　そうすることで、自己愛が育まれ、自己愛を促進することができます。

　輝く「光」を持った、素晴らしい命、たましいが、ますます輝くことを、こころより祈念いたします。

　妊娠がわかったら、母となる女性は、胎児にたくさん話しかけましょう。

　胎児は、聴いています。

　胎児は、母の声が、大好きです。

　母が感じること、思うことを胎児に話しかけましょう。

　胎児は、にこにこして、母の言葉を聴いて、健やかに育ちます。

　母親が傷ついたこころも、胎児には、わかります。話さなくても、胎児は、母のこころをつかみます。その時に、脳が未発達なために誤解をしてしまい、母が苦しむ、悲しむ、怒る、不安に思うことは、すべて、胎児のせいだと思いこんでしまいます。

　こころに傷を持って生まれてこないようにするには、母親

が気がついたら、気がついた時に、胎児に教えてあげれば、大丈夫です。
　この考え、想い、気持ちは、胎児のせいでは、ありません、と、伝えるだけで、未発達な脳を持っている、胎児のこころ、気持ちは、安らぎ、安心します。母と子が、幸せに、健やかに生きていくことが、一番嬉しいです。

　子育て、育児は、大変と感じるかもしれません。しかし、子育て、育児ほど、素晴らしい体験はありません。命を育てていくことは、たましいを育てることです。「愛」と「許し」を学び、ご自身の「光」を輝かせましょう。

「あなたなら、できます」
「わたしなら、できる」と信じることが、夢を実現させます。

「引き寄せの法則」は、すべての人に、同じようにチャンスがあります。すべての人が、愛され、守られています。

　年を重ねると、子どものこころ、気持ちが、わからなくなります。私は、3人の子どもの母親です。長男、長女、次女がいます。私は3人の子どもを、愛しています。私を選び、私のおなかで胎児を体験して、現世に生まれてきてくれたことに、感謝しています。
　私を支えてくれて、愛してくれます。私と出逢った、すべての子どもたち、母親、保護者の方々、ありがとうございます。

　母も人間です。こころを持った女性です。自分の感情の

「悲しみ」「怖れ」「怒り」を子どもに、ぶつけてしまうこともあったと思います。
　その時は、素直に子どもに正直に謝りましょう。子どもは、あたたかく許してくれるでしょう。

　そうならないために、こころとこころの絆を大切に子どものことを赤ちゃん扱いしない。子ども扱いしない。人間対人間として、子どもを育てていくことが、ベストです。

　輪廻転生を繰り返すたましいです。時には、母親より、子どもの方が、たましい年齢が年上ということもあります。

「愛」の言葉と「愛」の態度を示せば、胎児、赤ちゃん、幼児、子どもは、こころと身体が、健やかに育っていくでしょう。
　もし、間違っていたと気づいたら、そこから軌道修正すればいいだけです。

　ご自身のおなかから、生まれてきた子どもです。あなたの「愛」は伝わります。子どものために、妊娠中の母を支えるパートナーの方は、女性のこころが安定できる環境作りを考えてあげましょう。

　母親のこころが平和で安定して「喜び」に満ちていれば、おなかの中の胎児も笑顔で健やかにこころと身体が、健全に育っていきます。

　子どもは、母親を選び、母親のたましいの「学び」を共に

育てていくために、母親を選びました。
　子どもは、その母親のもとで、自分のたましいの「学び」を学んでいきます。

　地球に住んでいる母親と子どもの絆がより輝き、地球で生きているすべての人の人生に、多くの幸運と、たくさんの愛の光エネルギーが注がれますように、こころより祈念いたします。

第172話　不思議少女　北島由梨香

私の名前は、北島由梨香です。

現在小学5年生です。

性格は、明るく元気です。

クラスの男子、女子から「由梨香」って、呼ばれます。

学校は、楽しいです。

友だちとおしゃべりすると時間が早いです。

外で遊ぶことが大好きです。

太陽が大好きです。

空を見上げることが大好きです。

虹が見えたら、超ラッキーと思えて
しあわせな気持ちになります。

花を見て、花の匂いを肌で感じることが大好きです。

緑の中を走ることが大好きです。

風を感じ、風になりたいと思って
一緒に走ることが大好きです。

芝生の上で、寝ころんで空を見上げ
雲を追いかけることが大好きです。

「雲」って、いろんな形に変身できます。

自由自在に伸び伸びと遊んでいます。

「いいなぁ〜」って思います。

海が大好きです。

潮の香りが大好きです。

波の音が大好きです。

広大な大地が大好きです。

地平線、水平線って、すごいなぁ〜って思います。

まっすぐまっすぐ長く続く道が大好きです。

鳥のなき声、水の音、静かにしていると聴こえてきます。

それから食べることも大好きです。

美味しい物を食べるとしあわせになります。
ほっぺたが落ちて笑顔になります。

生きてて良かった〜って思います。

夜は、星を見つけることが大好きです。

月を見ながら、歩くと、月が一緒について来てくれます。

だまって、何も言わないけれど、静かに見守ってくれています。

そんなふうに思うことって、ありますよね。

　私は、クラスのみんなも同じだと思っていました。だけど、違うのかもって、最近思いました。それは、私が見えるものが友だちには、見えていないことです。

「えっ！　見えていないの？」って、不思議に思いました。

　だけど、友達から見ると、見える方がおかしいそうです。友だちには、見えないそうです。だから、私が見たものを話

すと恐がります。
　私の中では、当たり前のことだった世界が、みんなの見ている世界と違うことが初めてわかりました。
　私は、昔も今も変わらないです。みんなから「由梨香」と呼ばれます。
　同じ人間だけどみんなからすこし距離をおいて、話すようになりました。

　私は、クラスの人気者です。学校でいる時は、まわりにいつも友だちがいます。
　だけど、家に帰ってひとりになると急に淋しくなります。
　なんでそうなるのかわからないです。だけど自分が一番わかっています。
　笑顔でいるけれどこころは笑顔じゃないです。笑っていません。
　こころの中は、淋しくて、淋しくてしょうがないです。
　だけど本当のことを言えません。みんなから恐がられます。
　気持ち悪がられます。そう思うと伝えることができません。

　自分のこころにうそをついて、いつもにこにこしていました。
「どうしてなのか？」
　それは、愛されたいからです。嫌われたくないからです。

　そんな私のこころをもうひとりの私がはげましてくれます。
「大丈夫だよ」って。

「だけど、大丈夫じゃないよ」

「疲れちゃったよ」

　そんな繰り返しの会話をしながら、毎日が過ぎていきます。

　私が見えるものは、死んだひとです。死んだひとと話ができます。
　それから、神様、天使、妖精と話ができます。だけど友だちには見えないから信じてもらえません。作り話だと思われます。本当のことを話しているのに、わかってもらえません。

「悲しいな」
「淋しいな」って、思います。
　だけど朝になると、演技をしてしまいます。
　そんな自分が嫌いでした。友だちの前では、いつも元気に「おはよう」って笑顔で話しています。

　だから、友だちは、「由梨香って、悩みなくていいよね～」

「私なんて、悩みだらけだよ」
「由梨香、聴いて」
「どうしたらいい？」
　って、いつも友だちから相談されていました。

　勇気を出して、友だちに、
「私だって悩みはあるよ～」と言っても信じてもらえません。

「由梨香が悩みを持ったら由梨香じゃなくなるよ」
「由梨香は、いつも通り笑顔でいてくれなきゃダメだよ」っ

て友だちみんなが言います。

「こんなにたくさん友だちがいるのに、友だちって、なんだろう？」

　友だちに自分のことを話したいけど話せないです。

「やっぱり淋しい」

　こころの中は、淋しいのに、無理して元気なふりをして、笑顔でいます。

　そんな時、ひとりになると天使がやってきて、話を聴いてくれます。

「ありがとう」

　私のこと、わかってくれて、
「ありがとう」

　天使が「ずっと見ていますよ」
「由梨香を守っていますよ」
「安心していいですよ」と言ってくれました。

「良かった～」
「嬉しいなぁ～」
「私は、ひとりじゃない」

私のことを、わかってもらえました。
「私はひとりぼっちじゃない」
「私は、愛されていました」
「良かった～」
　やっと、ゆっくり、眠れるようになりました。

　今、学校の中でひとりぼっちだと思っているあなた。あなたは、ひとりじゃないですよ。あなたのことをわかってくれる誰かが、必ずそばにいますよ。あなたのそばで見ていますよ。勇気を出して、空を見上げて自分のこころの中を空に話してみましょう。きっと、あなたのことを応援してくれます。

　みんないろいろな悩みがありますよね。悩みは、自分にしかわかりません。
　だけど、あなたのことを心配してくれる天使が空から見ています。
　自分が楽しいと思うことを考えて、歩いていきましょう。自分を信じることが大切です。

第173話　見えるもの

　私が20代の頃、見えていたものは霊です。死んだ人が、普通に見えました。死んでいる犬も見えました。
　歩道を歩いて「あっ！　ぶつかる」と思ってよけると、「あれっ」って、私が見えていたのは、死んでいる人。一般の方には見えていないようです。だから、なんであの人、なにもないところで身体をよけてるのって、すれ違った人は、思っていたかもしれません。

電車に乗っていても、人と人の間の後ろに霊の顔が見えていました。
　何故見えるのか、わからないけれど、見えていて他の人には、生きている人しか見えていないこと。

　道を歩いていると、足の悪い人や障害で車イスに乗っている人を見ることがあります。そんな時、私の目には、餓鬼が見えます。
　足元についていたり肩の上あたりに乗ってくっついていました。
　あの霊がとれたら、あの人歩けるのにと思いながら黙ってすれ違い、そのまま歩きました。

　夜の高速道路が嫌いでした。夜の車道には、霊が多いです。白い服の死んだ女性がよく歩いています。普通の人は見えないからそのまま車の運転をしています。私の目には、歩いている死んだ女性が見えるから、
「あっ！　ぶつかる」「あぶない」「あっ！　死んじゃった」「あっ！　死んでた」
　という感じで、あちこちに立っているから、気持ち悪くて、見たくないから、運転手の方には悪いけれど、助手席の私は目を閉じていつのまにか、眠ってしまうということが多かったです。

　私には、予知夢が見えました。今出ると危ない。霊が待っている。そう感じると気持ち悪くなったり、具合が悪くなったり、頭が痛くなったりしました。守護霊が「行ってはいけない」「気をつけなさい」と教えてくれていました。それで

も聴こえているのに、聴こえないふりをして出かけると霊にぶつかります。

　その日が命日の霊です。踏切で亡くなった霊です。地縛霊として自分が亡くなった踏切の場所にいました。そしてその霊は、私を友だちとして選び私の身体に乗りました。私は「死にたい」気持ちになりました。
　原因不明の高熱が出ます。外に出たくない気持ちになります。無縁仏が身体に乗る、つくといったらいいのかもしれません。自分のこころをのっとられてしまいます。少しの悩みが100倍つらい悩みになってしまい、気がついたら飛び降り自殺をしている人が何人もいます。
　そんなふうに霊にとっての友達は、淋しいから、一緒にいて欲しいから殺す。
　死ぬことを望みます。私はそうならないために無縁仏を落としてもらうために母と霊媒師さんのところに行き無縁仏の霊を落としてもらいました。

　そのうち、母が「乗られてばかりじゃダメよ」「強くなりなさい」と言うようになりました。強くなるというのは、霊感が強くなることで、修行をすること。お経を覚えることでした。
　霊媒師さんからは、「立派な守護霊がついているからすぐに強くなれるよ」「一緒に神さま業をしましょう」とよく誘われていました。
　でも私は乗り気ではなく、普通の人間がいい。霊感のちからなど欲しくない。と後ろ向きで、逃げてばかりいました。無縁仏にも階級があり弱い霊から、だんだん強くなっていく

そうです。今の私に乗った霊の階級には一度乗られて落ちるともう乗られなくなると霊媒師さんが言っていました。
　だから無縁仏に乗られるたびに一段一段霊感が強くなっていくと話をしてくれました。本当に私は数えきれないくらいの霊が乗り、話をして、どんな死に方をしたのか、どんなふうに悲しかったのかなどよく聴きました。

　私は「死神」も見ました。夜お風呂に入って出てきたら、ベランダに「死神」がいました。初めて見たので、びっくりして声も出ません。
　腰を抜かすという表現のとおり座ってしまいました。「死神」を見てから隣のおばあちゃんが３日たたないうちに亡くなりました。
　死んだ時、「死神」はいました。お通夜にも「死神」はいました。

　私が寝ている時に、何故か目が覚めて、白い壁に、髪の長い女性の影が見えました。
　私は怖くて、声も出ず、だまってずっと見ていたのか、いつのまにか、眠ってしまった体験があります。
　あの女性は、いつもわたしを守ってくれていました。

　私はテレビなどで死んだ事故のニュースなどが流れると、その霊の声が聴こえてきます。
　どんな状況で殺されたのか、本当は死にたくなかったことなど、殺されてしまった、霊になってしまった人の声が聴こえ、話すことができます。

私の守護霊のおじいちゃんは、目が見えません。
　お経を覚えるのは、ひとに読んでもらって、覚えたそうです。
　とても賢かったそうです。3日でお経を覚えたそうです。

　私には、無理だ〜と思っていました。母親がお経本を私にくれました。私は、全然信仰心がなく、その当時、ばちあたりな態度、読まないよりは、ましでしょう。という気持ちで、ベッドで、寝ながらお経本を見ていました。

　そのうちベッドで座って見るようになり、いつの間にか、神棚、仏壇の前で正座をして、手を合わせて、お経本をよむようになりました。

　するとそこから、おじいちゃんの英才教育が始まりました。バス停でバスを待っていると、お経本のお経が流れてきます。私はこころの中で、お経を言います。だけどちゃんと覚えていません。
　すると私の頭の斜め上あたりにお経本の私が間違ってしまうところや忘れてしまったところを見せてくれます。ご丁寧にお経本をめくってくれます。
　素晴らしいお経が流れ、後について言いなさいの指示通り、毎日毎日お経を覚えるまで流れていたので、あっという間に、お経を覚え言えるようになっていました。

　お経を覚えると私の霊感は強くなり、あんなに嫌だった無縁仏の霊を自分のちからだけで落とせるようになりました。
　それは本当は守護霊や不動明王や天使のちからなんです

が。

　神様、女神、ブッダ、ミカエル、マリア、不動明王、母子観音、ガネーシャ、百済観音、千手観音、龍神、弁天、様々な姿を見せてもらいメッセージをたくさん受け取れるようになりました。

　天上界の素晴らしさ、美しさ、心地よさを肌で感じ、光の素晴らしさ、あたたかさを見せてもらっています。

　今は本当に感謝の気持ちでいっぱいです。
　生かされている命に感謝です。
　ありがとうございます。

第174話　チャネリング

　チャネリングを無意識にしていた私が、意識的に行うようになったのは、40代頃からです。天上界の降り注ぐ光は、現世で生きる生き物すべてに平等です。感じるか、感じないか、知っているか、知らないか、チャネリング方法のやり方がわかるか、わからないのかの違いではないと今は感じます。

　人は、それぞれ生きる意味、課題を持って生まれてきました。
　たましいの浄化と共に現世で生かされ、たましいの「学び」と「気づき」の中で前世でできなかった課題の復習と新たな成長を、それぞれの光とともに生きていきます。

それぞれに、守護霊やガイドがついていて、見守ってくれています。
　手を伸ばせば、手をさしのべてくれます。とてもあたたかく、優しく見守ってくれています。

　20代の頃、私は自分の霊感を毛嫌いしていました。聞く耳持たずという感じで、守護霊やガイド、天使の声に耳をふさいでいました。だから３回の右耳手術を行い、その都度、現世での生活を遮断して天上界との交信を受け取り、今の自分がこの現世で生かされています。

　私の右耳は霊的なメッセージが入りやすいです。常に右耳から天上界のメッセージを受け取っています。左耳は、現世での生活に必要な聴力です。

　たましい年齢が、あります。たましいの輪廻転生の回数と自分の課題に対する成長達成の違いで、現世で出逢うソウルメイトが違います。
　現世の実年齢とは違います。だから現世で親より子どもの方が、たましい年齢が年上の場合があったりします。その環境は、天上界で生まれる前に子どもが自分で選択しました。

　たましいの課題と成長に必要だからです。何もかも意味があります。

　私が、ろうそくに火をつけて、こころをこめて手を合わせると、守ってくれる光の数がたくさん見えます。天上界で見守ってくれている光の数です。感謝しています。どうもあり

がとう。

　私が、部屋の窓を開け、天上界の光を浴びると、たましいが浄化されます。手を合わせて感謝をした後に、目を閉じて光を浴びると、私に必要な光エネルギーを受け取ることができます。両手を出し手のひらを見せると美しい光のシャワーを見せてくれます。

　夜歩いている時もスイッチをオンにすると、とてもまぶしい光を見せてもらうことができます。天上界から降り注ぐ愛の光エネルギーは、曇りの日、雨の日、風の強い日、雪の日、どんな時でも平等に降り注がれています。だからこころのスイッチ、たましいのスイッチを入れることができれば、皆平等に受け取ることができます。

　部屋の中でリラックスして寝ている時でも、意識的に天上界の光を受け取ることができます。
　特別な人、選ばれた人だけでなく、皆平等です。人は眠ると天上界にいき、エネルギーチャージをします。必要なメッセージを個々に受け取っています。しかし、目が覚めると忘れてしまいます。
　正夢や直観力、ひらめきは、天上界で受け取ったメッセージです。
　すぐにメッセージを活用できなかったとしても潜在意識の中に入っているので、安心して大丈夫なのです。必要な時に絶妙なタイミングで現れます。

　自分の考え、思考を大切にしましょう。自分自身の生まれ

てくる思考に自信を持ちましょう。

　自分で自分を癒やしましょう。自分で自分を癒やすことで、自己愛が育まれ、自分の世界、オーラの色が変わり、環境が変わります。
　新たなステップアップにつながります。出逢う人が待っています。
　会話を大切にしましょう。あなたに必要なメッセージを受け取ることができます。

第175話　目に見えないちから

　現世で生きている人間には、見えないちからがあります。神と天使、守護霊のちからは、この現世で行われています。俗にいう神業です。
　あなたは、天上界から見守ってもらっています。
　お願いをすると願いは確実に叶います。しかし疑うこころがあるとその願いは叶いません。「信じる」ことが、大切です。

「引き寄せの法則」は、信じるか信じないかの違いです。そして自分の中に必要なものを受け入れる準備ができているか、できていないのかの違いで変わってきます。どんなに天上界が必要なエネルギーを降り注いでも、受け取る人間側がいらない思考や感情「悲しみ」「怖れ」「怒り」を大切に抱え込んでいたら、願いは叶いません。

　デトックスしましょう。「捨てる」ことが、大切です。「手

放す」ことが大切です。自分で何もかも行おうとすれば、とても大変な険しい山がそびえたちます。しかし、神と天使、守護霊に甘えてゆだねてしまえば、楽に容易に手に入ります。

　天上界の「引き寄せの法則」は、あなたの発信する思考が、叶います。
　あなたにとって、良いこと、悪いことそんなことは、関係ないのです。
　今ある生活、環境はあなたの過去の思考が天上界に発信したものです。
　未来は、あなたの思考でどうにでもなるのです。
　そうなりたい現実を考えていきましょう。

第176話　しあわせは、自分で決める

「しあわせ」は、自分で決めていきましょう。あなた以外の人がなんと言おうとあなたが感じる感覚を大切にしていきましょう。

　他人から見て、しあわせそうに見えたとしても、その人が、しあわせを感じていなければ、しあわせでは、ないのでしょう。その反対に、ふしあわせに見えたとしても、その人が、しあわせを感じていれば、それは、しあわせです。

　人によって、価値観が違います。生まれた環境、育ってきた環境で、人の感じる感覚は、変わってきます。誰に恥じることもありません。

自分が「しあわせ」を感じていれば、「しあわせ」なのです。
「しあわせ」は、あなた自身が感じるこころ、体感覚で感じ、喜びを受け取り、感謝をしましょう。

第177話　おなかの中で

　ママのおなかの中って、真っ暗だなぁ〜。
　なんかぼくのからだが、プカプカ浮いてる。
　ママの心臓の音が、聞こえる。
　ママの血の流れる音が、聞こえる。
　あとは、「あっ！　ママの声だ」

「もしかしたら、赤ちゃんできた？」

「うん。ぼく、ここにいるよ」大きな声で返事をした。

「今、生まれたら困るなぁ〜」ママがつぶやいた。

「えっ！」ぼくは、声を出した。だけどぼくの声は、ママに聴こえないみたいだ。だってずっと話していたのに、ママ全然ぼくのことわかってくれない。

「悲しいなぁ〜」
「淋しいなぁ〜」
「どうして、ぼくが生まれたら困るの？」

　ぼくは、ママに聞いた。

だけどママは、聞こえないみたい。

　ママは、病院に行った。いろんなこと聞かれて、検査をした。
　病院の先生が言った。

「おめでとうございます」
「今、おなかの中に赤ちゃんがいますよ」

「やった〜」
「ぼくのこと、病院の先生が見つけてくれた」
　ぼくは、ほっとした。

　だけど、ママは、喜んでくれなかった。

「そうですか」だけだった。
「ママは、ぼくのこと、嬉しくないの？」
　ぼくは、ママに聞いた。

　ママのこころの中の声が、聞こえた。

（これから大きな仕事が入るのに、どうしたらいいの）

（みんなに迷惑かけちゃう）

「ぼくよりも大きな仕事の方が、大切なんだ」

「ぼくは、いつもママがお仕事ばかりしているから、助けて

あげようと思って、ママを選んだのに」

「ママは、嬉しくないんだ」
「ぼくは、迷惑なの？」
　ぼくは、ママに聞いた。

　ママは、ぼくの声が聞こえていないみたい。

「あっ！　またママのこころの中の声だ」

（おなかの中に赤ちゃんが、入らなければ、私はあの人と別れて、自分の家に帰るのに）

（もう嫌だ。こんな生活）

（こんなに苦しくて大変な生活したくない）

（結婚なんかしなければ、良かった）

　ぼくは、だまって聞いていた。
　聞きながら、だんだん悲しくなってきた。
「ぼくは、ママが苦しくて大変な気持ちも、お空から見てたから知っているよ」
「だから、ママを助けにきたのに」
「ママの味方が、きたって喜んでくれると思ったから」
「だけど、前よりもママは、苦しんでいる」
「ぼくが、ママを選んだのは、間違いだったの」
「ぼくは、ママのおなかの中で生きていちゃいけないの」

「ぼく、お空に帰りたい」
「お空に帰って、天使と遊びたくなっちゃった」
「もうママのおなかの中に、いたくない」

「え〜ん、え〜ん、もう嫌だよ〜」
「天使にあいたいよ〜」
「ぼく、もうママのおなかから消えたいよ〜」
「もうママ嫌い」
「ぼくのこと、わかってくれない」
「ぼくのこと、気がついても、喜んでくれない」
「そんなママなんて、ぼくだって嫌いだよ」
「ぼく、てんしのいるおうちに、帰りたいよ〜」
「ぼく、もう嫌だ」
「ねぇ〜ぼくをここから出して」
「ぼくは、もうママのおなかの中に、いたくないんだから」

「ママは、おなかにぼくがいると知っても、ぼくのことを大切にしてくれなかった」

「ぼくが、ママに話しかけても聞いてくれない」

　ぼくのこと、「いらない」って、言ったんだ。

「ぼくのこと、殺そうとして、ご飯を食べてくれなくなった」
「ぼく、おなかがすいて死にそうだった」
「それなのに、ママは、もっと苦しいことをした」

「よいしょっ」

ママの声がしたと思ったら、ぎゅう〜って、頭を押さえ込まれた感じがした。

　ぼくは、
「息ができない」
「苦しい」
　って、ママに小さい声で、言った。

「大きな声で言っても、いつも聞こえないし、聞いてくれないから、小さい声なんて、無理だよね」

　ぼくは、つらかった。
「このまま、苦しいまま、死んでいくのかなぁ〜」
　と思った。

　その時、ぼくの前に天使が現れた。

「苦しくて、つらいけど、君は、愛されるために生まれるんだよ」

「愛するために、生まれるんだよ」
「だから、信じて」
「ママのこころも、傷ついているんだよ」
「ママを助けるって、君は言ったじゃないか」

「君なら、できる」

「私は、いつも君のそばにいる」

「君を、いつも見守っているよ」
「君を、応援しているから」
「あせらないでいいんだよ」
「ゆっくり進めばいいんだから」
「信じて進めば、未来は明るいよ」
「空から見ていると、君のこころも、ママのこころも、ひかり輝いているよ」
「だから、心配しないで」
「安心して、大丈夫だからね」
「私は、君の味方だから」
「いつも応援しているよ」

　ぼくは、天使の言葉を聞いて、勇気がでた。

「死にたい」って、思ったけど、やっぱり、ママと生きていくことにした。

「だから、ママもぼくのこと、好きになって欲しいな」
「ぼくのこと、考えて欲しいな」
「ぼくに、ご飯をたべさせて」

　ぼくは、ママに言った。

「ママが、ぼくのことを愛してくれるまで、待つことにしたんだ」

　40代の頃、私は催眠療法（ヒプノセラピー）ができるようになり、自分の過去、現世の過去、前世の過去へと退行す

るようになり、現世の過去、母のおなかの中にいる時の世界、映像が私の潜在意識の中で、私のオーラの中で、見ることができました。

実体験をもとに、お話をつくりました。

第178話　前世体験

　40代の頃、私は催眠療法（ヒプノセラピー）ができるようになり、自分の過去、現世の過去、前世の過去へと退行するようになり、よく前世を見ています。

　私の前世体験の話です。

　名前は、ミヨコ。

　大正時代・現在の兵庫・芦屋・17歳で没。

　裕福な家庭で暮らしていました。
　14歳の時、惨事が起こりました。
　父・母・弟が、包丁で殺され、血まみれになっていた現場を見ました。
　その当時、大きな事件となりました。
　殺人者とは知らずに、知り合いだったおじさんに育てられ、性暴力も受けました。
　まま母となる母とその娘からいじめにあい、義理の父の子どもを宿し、頭がおかしくなり、首をつろうとして失敗し、2階の窓から飛び降りて死にました。自殺です。

その義理の父と現世で逢った時（前世体験3年前頃）、その時、初めて普通に話しているのに、
「わたしは、この人と過去に（前世で）結婚していた」と、わかりました。
　現世で関わるとつらい時間を過ごすこともわかりましたが、なぜか時の流れにさからえず、1カ月引きつけられるように上司と部下の関係でいました。

　まま母であった義理の母とも現世で上司と部下の関係でした。まま母の娘とは、現世で友だちです。

　その時代、その時代で、配役を代えて、現世で生きていく課題のために役割分担してくれています。

　名前は、やよい。

　寛政時代・貧しい家庭・13歳で没。

　現在の多摩で暮らし、10歳で吉原に売られ、さいごはやまいに倒れ、とむらいもされず、どぶ川に流されました。

　7人兄弟の長女として生まれました。その時の父親、妹、遊郭でのおかみさん、お姉さん、友だちと現世で逢っています。

「あっ！　この人、私のお父さんだった」
「あっ！　この人、私の妹だ」と、わかるように、頭の斜め上あたりに映像が流れ、見えます。

私は、その時のできごとがとてもつらかったために、性欲を満たすための男性に道具として扱われることに嫌悪感を感じずにはいられません。とてもつらい体験だったので、幼い少女は泣きじゃくりました。

　名前は、マリーアントワネット。

　オーストリア・14歳の時。
政略結婚でフランス王妃。

　名前は、ボンゴ。

　アフリカ・奴隷船でアメリカに行き、17歳で没。

　ボンゴは、アフリカで元気に走っていました。走るのが、とても速かったです。
　何度も逃げようとして、失敗して、さいごは、木に逆さづりにされて、裸の状態のまま、むちで打たれ、雨が激しく身体を打ち続けて、そのまま死にました。

　だからなのでしょう。
　私は、雨に濡れることが、とても嫌いです。
　小雨でも傘をさします。

　この前世を知った時、だからなんだ〜と、納得できました。

　名前は、ラルゴ。

メソポタミア文明・大いなる川・13歳で没。

　王の宮殿造りをしていたが、身体が弱く、あしでまといでした。
　とてもやせ細った身体でした。
　それもそのはず、その当時の王は、食事をさせずに、過酷な労働をさせていました。
　とても過酷な労働の中、何人もの人たちが倒れて亡くなりましたが、そのまま、投げ捨てられる状態で死を迎えていました。

　名前は、せいのしん。

福島・白虎隊の前の部隊・13歳で没。

　戦いに敗れて、死にました。
　とても愛らしいかわいい男の子でした。
　時代の流れとはいえ、なぜ幼い子どもが死ななければいけなかったのでしょうか？
　歴史は、何を教えてくれているのでしょうか？

　名前は、キイ、12歳で没。

　アイヌコタンに住んでいました。
　盗賊たちに10歳の時、とらわれた後、12歳で亡くなりました。

　キイの家族は、その時、みな、皆殺しでした。

なぜか、キイだけ盗賊のかしらに気にいられ、生かされましたが、家事労働の末、亡くなりました。

　私は、20代前半、北海道にあこがれ、何度も足を運びました。北海道の大地が大好きでした。
　きっとキイが家族としあわせを感じながら見ていた世界を見たかったのでしょう。
　その時のキイの祖母と現世でも出逢い、私にとても優しく接してくれて、友だちです。

　名前は、まい。

生後1週間で没。

　原爆が落ちた。怖かった。
　おなかがすいた。
　その時の感情です。

　私は、小学生の高学年頃から広島の原爆に興味を持ち、たくさんの本を読みました。

　20代前半、広島の原爆ドームに入った時、その当時の、その瞬間にタイムスリップしました。その時は、霊感があって、原因不明の熱が出たと思っていましたが、これも私のたましいが体験したことだったから、私が肌で感じる必要があったから、必然として、起こったのでしょう。私は、現世で今、生かされていることに、感謝しています。

原爆では、たくさんの人の命が、奪われました。
戦争は誰のためにするのでしょうか？
戦争は、誰のためでもありません。
命を奪う権利は、どこにもないはずです。
　現世の人間が、過去の歴史から学び、命を大切に尊い命を守る現世になることを願います。

　名前は、しんのすけ。

　特攻隊員でした。17歳の時に没。

　その当時、親友だった友だちに現世で逢い、友だちです。

　平成22年5月2日、3日にかけて「私は、浅野内匠頭（あさのたくみのかみ）だった」とわかりました。
　そして、「現世の夫が、吉良上野介（きらこうずけのすけ）だった」とわかりました。

　私の現世の課題です。
「愛と許し」を学ぶことです。

　人は生まれる前に、母親を選び、課題を持って、自分が選んだ母の胎内に宿ります。

第179話　嬉しい引き寄せの法則

リラックスして、嬉しいことを考えましょう。
楽しいことを考えましょう。

しあわせになることを考えましょう。

信じれば、必ず願いは叶います。
欲しいものが、手に入ります。
実体験者です。

夢を持ちましょう。
出逢いに感謝をしましょう。

あなたは、愛のオーラで包まれています。

天上界の光のシャワーを浴びましょう。
　天使に頼んで、ゆだねると楽に、容易にラッキーなできごとが起こります。

生かされている命に、感謝をしましょう。

ありがとうございます。

第180話　愛すること

　天上界で、光り輝くたましいは、現世に舞い降りて、自分で選んだ母の胎内に入ります。

　自分のからだも、あなた自身が自分で選んだものです。
　顔も声も五感も、すべてあなたが選択しました。

　前世で学んだたましいは、現世で何を学ぶのか。

「愛です」
「愛すること」
「愛されること」を学びます。

　そして「許す」ことです。

　重い荷物、こころの中の憎しみ、「許せない」という気持ちは、身体の不調をもたらします。

「許せない」という感情は、自分のこころを痛めつけ、がんじがらめになり、つらいだけです。

　勇気を出して、天上界に手放しましょう。

　こころが軽くなると、空いたスペースに、あなたが必要とするもの、欲しいものが簡単に手に入り、こころとからだの無駄なちからが抜けるので、とても自由な発想を天上界に発信することができます。

　今まで苦しんだ分だけ、しあわせが待っています。

　あなた自身、そうです。
　自分自身を、大切に、いたわり、愛してあげましょう。

　そして、あなたが愛したいと思う人を、愛しましょう。

　自分自身を大切に想えば、鏡となって、あなた自身が愛されます。

「愛すること」は、学びです。
「許す」ことも、学びです。

「愛すること」で、「愛の光」に包まれます。

あなた自身のこころを見つめ、正直に生きていきましょう。

第181話　笑顔はしあわせの種

笑顔でいると、笑顔がまわりに集まります。

ほほえむとほほえみがえしがもらえます。

笑顔は、しあわせの種です。

笑いは、からだの細胞ひとつひとつに、生きるエネルギー、栄養を与えることができるので、肌が活性化されて、若々しくなります。

こころの傷も少しずつ、癒やされて、傷ついたこころの傷のかたまりが、とけていくのが、わかります。

無理はしないでいいのです。

笑うことが、できない時は、自分自身のこころと向き合い、静かな時間を過ごしましょう。

涙が出る時は、こころ、感情の流れるままに、うまくやろ

うとせずに、ただ、じっとだまっていてもいいのです。

　そういう時に、ふっと我にかえるとき、どんなことがあったら笑顔になれるか、考えてみましょう。

　あなたが、笑顔になれること、しあわせになれることを考えて、こころのままに、自然体でいましょう。

　あなたは、必ずしあわせの種をもらえます。

　あなたのたましい、こころに、しあわせの種をまきましょう。

第182話　人が亡くなる場所

　地名は出しませんが、自殺者の多い場所があります。
　その場所近くに行くと、私は鳥肌がたちます。そして、右耳から、お経の声が流れます。自分自身にオーラ、バリアをはります。
　寒気がします。一般の人には、目で見えるものしか、見えていない現世の世界で、私は、同じ空間にいますが、霊界の世界も同時に見えてしまいます。地縛霊となって、無縁仏として、天上界に行かずに現世の場所で、生きている人間と同じ場所でいます。
　友だちが欲しくて、少しでも悩みがある人間が近づくと、悩みを倍にして、「死にたい」と思う人間のこころにしてしまいます。
　だから自殺の名所があるのです。同じ場所で事故が多いの

も地縛霊、無縁仏のしわざです。

第183話　死にたい気持ちになった時

「死にたい」と思った気持ちになったことが、ありますか？

「死にたい」と思った時、そばに無縁仏が、必ずいます。
　だから、自分のこころなのか、確かめる必要があります。

　無縁仏、霊は、暗い気持ち、こころ、たましいが大好きです。悩んで暗くなり、落ち込んで暗い表情になっている人間が、大好きです。

　じめじめした湿気の多い場所が大好きです。夜が大好きです。

　だから、本来の自分ではない自分がいると感じたら、気をつけましょう。

　無縁仏、霊が乗ると、首肩が重く、痛くなります。身体がだるくなり、外に出かけたくない気持ちになります。何をするにもおっくうになり、やる気が出なくなり、カーテンを開けたくない気持ちになります。
　カーテンを開けなければ、天上界の光を浴びなくてすみます。霊は天上界の光が嫌いです。だから、電気もつけず、暗い部屋でいても大丈夫、暗い曲が大好きになります。

　頭が重い、痛いという症状が出てきます。ご飯を食べなく

ても平気になります。むしろ食欲がなくなります。友だちと遊びたくない気持ち、人と関わることがめんどくさくなります。

　気をつけましょう。
　自分のこころなのか？
　他人のこころなのか？
　自分自身のこころ、たましいと話しましょう。

第184話　ろうそくのあかり

　20代の頃、守護霊のおじいちゃんに教えてもらったことがあります。

　夜寝て、眠っている時、朝になり、まだ寝ていたいなぁ〜と思いながら寝ている時に、カーテンの隙間から、朝陽が1本の太い線のように入ってきて、私のまぶたの上にきて、朝陽が目に当たると、まぶしい光でした。でもその光は、あたたかくて優しく心地よい空間をつくってくれました。
　その光を浴びて、目を覚ますと私におじいちゃんが、教えてくれました。

「仏壇に手を合わせて、ろうそくに火をつけてくれるとこんなふうに明るいんじゃよ。電気のろうそくがあるけれど、あれは、生きている人間には、明るく見えるが、死んだ人間には暗いままなんじゃよ」

「だから、ろうそくのあかり（灯り・明かり）は、死んだ人

間が修行で歩いている時に、足元を明るくしてくれるんじゃよ」

「それが、人間に都合の良い電気のろうそくは、あかりをつけてもらっても、死んだ人間が修行で歩いている時、暗いままなんじゃよ」

「違いがわかるだろう」

「さっき、見せた天上界の日の光（陽の光）は、素晴らしい光なんじゃよ」

「だから、仏壇はろうそくの火を頼むよ」

　私は、それから、

「じゃあ、線香は死んだ人にとって、どんな感じ？」

　と聴くと、

「『線香の香り』は、足元を軽やかにしてくれるんじゃよ」

　ということを教えてくれたので、私は、仏壇の前で手を合わせて、ろうそくに火をつけて、線香をつけます。

第185話　とし　老いること

　守護霊のおじいちゃんが、教えてくれました。

「としをとることに、心配は無用じゃ」

「老いていくことに、怖れる必要はないんじゃ」

「としをとれば、ふけるのは、当たり前のことじゃ」

「それだけ、生きてきたんじゃ」

「自信をもてばいい」

「そこらのはなたれ小僧じゃないということだ」

「生きてきたあかしじゃ」

「心配せんで、いいことじゃ」

「残されたたましいの寿命を楽しく生きればいい」

「調子の悪くなるところは、その都度声をかけ、ゆっくり休ませることが、一番じゃ」

「命に感謝しなさい」

「たましいが、自由に生きることができる場所が、現世の今の世界なんじゃから」

「前世のことなど、気にせんでいい」

「今のたましいは、現世にいるあなたなんだから」

「誰のことも気にせず、自分のことだけを考えなさい」

「悩みや心配は、何の解決にもならん」

「こころから、信じればいい」

「他人のこころは、たにんのものじゃ」

「いちいち、気にしたところで、どうにもならん」

「自分のこころを大切にしなさい」

「やるべきことは、いくらでもある」

「怖れる必要はない」

「なにもかもうまくいくと信じればいい」

「安心することじゃ」

「よけいな心配をして、寿命をちぢめることより、楽しむことを考えて、若返り元気に健康で生きることの方がよっぽどいいことじゃ」

「安心しなさい」

「わしが、ついておる」

「なにも心配はいらんよ」

「好きなように生きなさい」

「望むことだけ、考えていればいい」

「なにもかも、うまくいく」

「安心しなさい」

第186話　大切な人

あなたにとっての大切な人が、いますか？

人は、それぞれの年代で大切なひとをみつけます。

生まれてきたときの一番は、母親です。

そのあとは、ひとそれぞれ、環境によって変わります。

10代、20代、30代、40代、50代……。

その年代で、大切なひとがいます。

大切なひとには、しあわせで、元気でいてくれることが一番嬉しいです。

それと同時に、自分自身を大切にします。

　天上界にいる時に、どんな身体でどんな顔になるか、自分で選択して、生まれてきました。

　たましいが、輝きを増すために、命をいただき、この現世で、たましいを大切に育てていきます。

「しあわせ」は、自分で自分が決めます。

　他者ではなく、自分自身の感じるこころに素直に向き合いましょう。

　こころ、光を大切に育てていきましょう。

　何が、大切なのか、シンプルに考えていきましょう。

第187話　光を受け入れます

　天上界の光は、すべての人に平等に与えられます。

　愛の光は、天上界から降り注がれています。

　自分自身のこころ、たましいに、「光を受け入れます」と伝えましょう。

　無になり、自然体でリラックスして、深呼吸を意識的に行いましょう。

感謝をしましょう。

「ありがとうございます」

第188話　こころに響く曲

あなたのこころが、ときめく曲はありますか？

あなたにとって、癒やされる曲。

あなたが、しあわせになる曲。

あなたが、穏やかで心地よい気持ちになる曲。

どれもあなたのたましい、こころ、光に必要なものです。

あなた自身を大切にする時間です。

忙しすぎて、忘れていたあなた。

「気づき」に、感謝ですね。

第189話　記憶の中の曲

不思議ですね。

その曲を聴くと、タイムスリップしたように、その頃の情景が、よみがえってきます。

その頃の感情が、飛び込んできます。

しあわせだった頃の記憶です。

懐かしく感じます。

あなたは、どんな記憶がこころの中に入っていますか？

大切な過去。

そして、今。

現在進行形で、未来につながります。

あなたは、どんな未来をうけいれますか？

第190話　ひかりの世界

天上界は、とても心地よい空間です。

あなたが穏やかになる空間です。

笑顔でいられる空間です。

ありのままで、自然体でいることができる空間です。

どんな世界なのか、想像してみましょう。

あなたの前に光り輝く素晴らしい世界が現れます。

第191話　夜寝る前に

幼い頃、母に聞いた話です。

昔々の言い伝えの話です。

「人間は、夜寝るとたましいが抜け出すんだよ」

「夜寝る前に、水分を取らないで、寝るとたましいが井戸の水を飲みに行くんだよ」

「その時に、酔っ払いが火の玉（たましい）を見ると、びっくりして、怖いから石を投げたりするんだよ」

「その火の玉（たましい）が投げられた石に当たると、火の玉（たましい）は、寝ている自分の身体に戻ることができずに、死んでしまうんだよ」

「だから、夜寝る前に水（水分）を飲んで、トイレに行ってから寝るんだよ」

「そうすれば、死ぬことなく、自分の身体に戻れるからね」

第192話　天上界の世界で

天上界は、いのちのふるさとです。

たましいが、光り輝く世界です。
　居心地の良い穏やかな空間です。みな、生まれる前は、天上界にいました。そして「たましいの修行のために、生まれてくるのだ」と現世で、私がまだ無縁仏を自分のちからで落とすことができなかった時にお世話になった先生から聞きました。
　もう先生は、他界しました。天上界で光り輝いています。

　先生は、「現世での結婚が一番の修行だ」と生前おっしゃっていました。
　でもその時、私は20代独身の頃だったので、そうなのかなぁ〜と思うくらいで、あまり気にとめていませんでした。

　でも今は、「たましいの修行」という言葉の意味では、ないと天使は教えてくれます。天上界は、安全で素晴らしい世界です。でもそこには、現世のような物質世界ではないので、平和そのもの、無の世界なのです。

　現世は、時として、魂が傷つけられたりします。つらい体験をすることもあります。でも神が一番学んで欲しいことは、「愛」です。

「愛」ほどあたたかいものはない。
「愛」は、人それぞれ価値観の違いは、あるかもしれませんが、優しさを感じるものです。「愛すること」と「愛されること」、神は、「愛」をもって、私たち人間を現世に届けてくれました。

「愛」があるから「許すこと」ができます。

　現世だからこそ、人として、たましいが成長していきます。
　感情が生まれます。「喜び」「悲しみ」「怖れ」「怒り」、ありのままの感情を自由に生きていけるのが、現世です。

　たましいは、輪廻転生があり、「課題」をもらい、繰り返し、生きていきます。たましい年齢は、現世での年齢ではありません。どれだけ、輪廻転生をしてきたか、そしてどれだけ「愛」を学び、成長しているのかで年齢が決まります。

　現世で、親より子どもの方が、たましい年齢が上だったりします。
　そんな立場の場合、良き相談相手となります。

　結婚する相手は、「ソウルメイト」です。前世でもつながりがあります。前世で、親、兄弟、友だち、敵同士、いろいろな関係があります。「宿命」があり、「運命」で、人間関係を自分で切り開いていくことができます。たましいの成長と共に、付き合う人間関係も変化していきます。

　たましいの性格、長所、短所、生まれてきた環境、育ってきた環境で、感じ方、受け止め方は違います。どんな生き方をしても、現世では自由です。
　好きな生き方を思いのままに生きることが、現世での醍醐味です。

　豊かな生き方をしましょう。自分の好きなことをしましょ

う。自分が喜ぶことをしましょう。笑顔でいられることをしましょう。
　ありのままの自分を素直に生きることのできる環境の中で生きていきましょう。
　健康な身体と健康なこころを持って、生きていきましょう。

　この現世で生かされいる命に感謝しましょう。
　あなたのやりたいことは、なんですか？

「しあわせ」は、自分自身が決めます。自分の価値観を人と比べる必要はありません。自分自身が「しあわせ」を感じた時、たましいは「HAPPY」です。
　うそやいつわりを言う必要はありません。
　自分自身が素直に笑える、ほほえむことができること、笑顔でいられて、ほっとできる瞬間、「しあわせ」に包まれています。

「気持ちいいなぁ〜」「あったかいなぁ〜」安心できる空間を大切に感じましょう。

「森羅万象」が、あなたのこころ、たましいを受け入れてくれます。
　あなたの望むことを考え、感謝すれば願いは叶います。

「目で見えないもの」のちからは、偉大です。人間が創造できない「奇跡」を見せてくれます。「守護霊」のちからも素晴らしいです。
「愛」をもって、あたたかく見守り、道を教えてくれます。

人は、眠ると天上界に飛びます。瞬間移動ができます。現世での時間の速さが違います。「時」の流れ、スピードが違います。
　天上界の「ガイド」に、いろいろなことを相談したり、楽しい時間を過ごします。でも目覚めると人は、天上界の出来事を忘れます。
　忘れて、現世で過ごします。しかし、たましいの引き出し、記憶には、入っているので、潜在意識の時に「ひらめき」「直感」が、働きます。

　必要な時に、必要なものだけ、受け取ることができます。自分自身を信じましょう。「できる」と信じるちからが、天上界に届けられると「できた」につながります。

「夢」を持つことの大切さを感じましょう。信じられない現実が簡単に手に入ります。「信じる」「信じない」は自由です。
　自分自身のたましい、こころに問いかけましょう。

「メッセージ」は、他者から入ることもありますが、あなたのガイドが教えてくれます。耳を静かに「聴く」モードにしてみましょう。
　こころを静め、「無」になると聴きとりやすいです。

　天上界と現世の扉の簡単な開け方は、「お経」です。
「般若心経」は、亡くなった人にも宝のお経ですが、生きている人にとっても、宝のお経です。守護霊のおじいちゃんが教えてくれたことです。
「本屋にある『般若心経』の解説や意味が書いてあるような

内容のものは、読まないでいい」「『般若心経』のお経を読む、唱えることで、自分のたましいが感じとり、意味がわかる」「『般若心経』は、天上界と現世を結ぶ『お経』」
　と、教えてくれました。

　私の場合、守護霊のおじいちゃんのちからで、頭の斜め上あたりに、映像が流れます。映画のように見せてくれます。その時見たものは、「般若心経」の「お経」を唱えると、扉があり、開きます。無縁仏を天上界に送るとき、呼ぶ時に「般若心経」を唱えるとスムーズに楽にできます。

　他界した人にとって、「般若心経」のお経は、現世で生きている人のご飯と同じようなものです。たましいに徳を積むことができます。そして、生きている人間にもたましいの徳を積むことができます。

　私は、亡くなった人と話をすることができます。先祖の霊と話をします。
　信仰心の厚い人ほど、話が容易にできます。手を合わせることを多くしてきた先祖と話ができます。それと反対に手を合わすことが少なかった先祖は、姿を見せてくれます。だけど、ひとつ後ろに座り、言葉を発しません。そこには、階級があります。だまって聞いているだけなんです。手を合わせてきた先祖、守護霊は、容易に現世で話をするように話ができます。不思議です。

第193話　光を浴びることに感謝

朝目覚めて、窓を開けると新鮮な空気を取り込むことができます。

それと同時に、天上界の光を浴びることができます。

降り注ぐ愛の光エネルギーは、みな平等に降り注がれています。

感謝することで、受け取れます。ただ、こころの中に溜め込んだ負のエネルギーが、たくさん入っていると、受け取れずに流れ落ちてしまいます。こころの中のデトックスをしましょう。

光に感謝して、自分自身にとって、必要なポジティブな愛の光エネルギーをいただきましょう。

第194話　チャクラの色

赤、オレンジ、黄色、緑、水色、紺、紫の光エネルギーを、みな、身体の中に持っています。その光の色は、虹の色です。

基本の色をもとに、薄かったり、濃い色になったりします。

必要とするエネルギーをご自身がアクセサリーとして、身につけていたり、洋服選びの時に、必要な光エネルギーを取り込んでいます。

尾てい骨部分、へその下、みぞおち、胸の中心、のどの部分、眉間、頭頂部、大切なエネルギーの場所です。

天上界から降り注ぐ光の色は、チャクラの色とクリアーな

光とゴールドの光があります。24色色鉛筆の色を思い浮かべるといいです。

リラックスして目を閉じて、欲しいと思う色、必要とする光の色を想い、大きく深く深呼吸をしましょう。チャクラエネルギーが補充されます。

一番簡単に手に入れる方法は、太陽の光を浴びることです。目を閉じて、まぶたの奥に見えてくる光の色を見つめましょう。
　私は、チャクラの色を次々に見せてもらい、エネルギーチャージしています。

光に感謝をしましょう。感謝をすることで、あなたにとってのしあわせが、現実化されます。信じることが、一番の近道です。

第195話　スピリチュアル

霊視、霊感、霊力は、すべての人間が持っています。何故なら、人はみな、天上界から送られてきた光、たましいの持ち主だからです。

ただ、その力の使い方がわからないだけです。必要としていないから、見えない、聞こえない、感じないという人がいます。

使い方がわかる人間と使い方がわからないのに、わかって

いるふりをする人間には、違いがあります。

　天上界から、シンプルに受け取っている人間は、例えばの話ですが、高価な壺など売ったりしません。必要以上に高価な物を売ったり、人の悩みを大きく広げ、不安を増加させたりしません。詐欺をする人間は、偽者です。

第196話　光の話

　私が、天使「ミカエル」と現世で話をすることになったきっかけは、チャネリングです。テレビのチャンネルを合わせるように、天上界の「ミカエル」が、安全な私のオーラの中で、姿を見せてくれて、話をしました。
　初めて、逢った時、真っ赤な熱い火のような熱さを肌で感じました。
「熱い」と声が出ました。真っ赤な太陽の光が燃えているような真っ赤な光が、まぶたの奥に見えました。

　次に、大きな白い羽が見えました。そして、姿を見せてくれて、私の知らないことを聴くとすぐに優しくあたたかく見守ってくれながら、教えてくれます。感謝しています。

「ミカエル」に逢うまでは、無縁仏を落としたり、天上界におくる作業は、お経を唱えていました。しかし、「ミカエル」に頼むとお経を唱えなくても、天上界に無縁仏をおくってくれます。感謝しています。ありがとう。

「ミカエル」に相談すると、いつも優しくあたたかく応えて

くれます。
　感謝しています。ありがとう。

　私が、現世に来る前、母親選びを一緒にしていたのが、「ミカエル」でした。
　私は、いつも「ミカエル」に甘えていました。「ミカエル」に、だだをこねて、困らせることも多かったです。

　生まれてから、40代になるまで、「ミカエル」の存在は、本の中の存在でした。今は、「ミカエル」にすぐに甘えています。

「ミカエル」に、本屋で、「ミカエルカード」を購入するように、勧められ、私は、すぐに購入しました。私に必要なメッセージをカードを通して教えてくれます。

「ミカエル」のメッセージは、私の右耳から聴こえてきます。「ミカエル」が教えてくれたことを話します。

　天上界の光、人間にとっての必要な愛の光エネルギーは、朝、昼、夜、一日中降り注がれています。地球上に生きる人間、生物に平等に降り注がれています。てんきの良い晴れの日、曇りの日、雨の日、雪の日、台風の時、どんな時にも一年中、降り注がれています。
　だから、安心しましょう。

　こころ安らぐ気持ち、たましいが穏やかになる時間、空間をつくりましょう。

天上界に発信するメッセージは、人間が考える良いこと、悪いこと、関係なく、その思考が現実化されます。宇宙の引き寄せの法則です。

「光は、愛なんだよ」と教えてくれます。
「光（たましい）は、小さくてあたたかく、優しくて、大らかなもの、自由に創造できるんだよ」と教えてくれます。

「現世で生きること、生かされていることで、なりたい自分になれる。なっていいんだよ」と教えてくれます。

「前世のたましいの記憶がわかったとしても、今は、現世のたましいの自由にしていいんだと許可しましょう」

「自分の罪をいつまでも想い悩まなくていいんだよ」

「あなたは、あなたのままでいいんだよ」

「ありのままのあなたでいいんだよ」

「あなたは、愛されています」

「あなたは、守られています」

「あなたは、しあわせになる価値のある存在です」

「あなたは、認められる価値のある存在です」

「あなたは、豊かになる価値のある存在です」

「あなたが、望むものは、すべて手に入ります」

「あなたが、願えば、信じれば叶います」

　メッセージは、すべての人間に贈られています。

第197話　朝一番に飲むものは

　朝起きて、あなたは何を飲みますか？
「ミカエル」に教えてもらったことです。

　私は、お湯をわかして、白湯を飲みます。
　すぐに、飲まずに、少し冷ましてから飲みます。

　寝ている身体、内臓に優しく声をかけることができる飲み物は、あたたかい、ほっとできる湯冷まし、白湯です。

　内臓を目覚めさせてくれます。
「これから、飲み物が入っていきます」
「宜しくお願いします」という感謝の気持ちを持って飲むといいですよ。

　その後に、好きな飲み物を飲みます。
　私は、朝紅茶が大好きなので、紅茶を飲みます。

　食事、麦茶、味噌汁、ポタージュ、好きな物を食べて、好

きな物を飲みましょう。

　朝のスタートを気持ちよく過ごしましょう。

第198話　こだわり

　たくさんの方の光セラピーをさせていただきました。
　光セラピーをさせていただくことで、私自身が感じた実体験があります。

　みなさん、こころの中に「こだわり」を抱えています。
　信念という、勝手な思い込みが、自分自身を苦しめています。

　他者から受けた言動、態度で傷つきます。でもその前に、幼い頃に感じとってしまった、小さなこころの傷「悲しみ」「怖れ」「怒り」を吐き出すことで、どんなに心が軽くなるかわかりません。

　重い荷物（必要のないこだわり、信念）を捨てましょう。
　吐き出して、捨てることで、空間ができます。
　その空間に、あなたにとって必要な愛と慈しみのある光エネルギーが降り注がれ、受け取ることができます。

　容易にできます。受け取り方も伝授しているので、みなさん、自分自身のデトックスができます。クライアントの方で、セラピー後もアフターケアをしているので、メールが届きます。自分自身をどんどん光り輝かせていく姿を見せてい

ただけることは、とても嬉しいことです。

天上界の光に感謝をします。ありがとう。

第199話　麻酔

手術を行う時に、麻酔を行います。部分麻酔であれば、意識があります。全身麻酔の時は、手術を受けている本人は、麻酔で眠っているので記憶がないようです。

でも、その時、人は幽体離脱をしています。自分の身体から抜け出して、自分の身体の手術風景を覗き込んでいます。

しかし、目覚めると自分が幽体離脱したことを覚えていません。
神秘です。

私が母の手術で、立ち会いを希望した時に、母は幽体離脱をしました。
私は、声に出すと、手術をしているスタッフに気づかれるので、こころの中の声で母と話しました。

母は、麻酔が効いたと同時に幽体離脱をして、にこにこ笑って、自分の身体を眺めます。第三者のように、自分の身体を見守ります。
手術を行う担当医師やスタッフにねぎらいの言葉をかけていました。
そんな母の言葉は、聴こえません。母は、ものめずらしそ

うに、あちこち動き回り、子どものような動きをします。

　自分の手術箇所を見ながら、担当医師にお礼を言っていました。
　感謝の言葉を伝え、手術が終わると自分の身体に戻りました。

　私は、母に、麻酔が覚めた時に、手術中に幽体離脱をしたことを話すと、母は、全く覚えていませんでした。

　現世で生きるために、記憶を残さないことが、原則なんですね。でも、たましい、こころの中、脳の中の引き出し、潜在意識の中には、本人が生きたあかし、すべてが、事細かく整理されて入っています。

　脳は神秘です。神は偉大です。
　私たちの命を守るために、つくってくれました。

　感謝しています。ありがとうございます。

第200話　母の通夜

　母が亡くなった時、母は幽体離脱をしていました。
　母のために、別れの挨拶に来てくれた家族、兄弟、親戚、知人、全ての人、ひとりひとりに、感謝の言葉を伝えていました。

「よく来てくれたねぇ〜」

「ありがとう」「ありがとう」と、ひとりひとりに、手をとり、両手で包みこみ、お礼を伝え、背中をなでていました。

ひとりひとりの人間関係、歴史をふりかえっていました。
遠く離れた人には、自分の死を知らせに、現世での時間、速さとは、違うスピードで瞬間移動をして挨拶に行って、また、すぐ戻ってくるという大忙しの姿でした。

私は、母が苦労ばかりの人生だったと思いました。
本当にしあわせだったのかと考えた瞬間、母は否定しました。

「しあわせだったよ」と……。
私に、映像を見せてくれます。
「だから、しあわせなんだよ」
「ありがとう」と……、伝えてくれました。

私が、天上界でいる時に、ミカエルと一緒に母を見つけ、母をしあわせにしたいと思い、母の胎内に入りました。

でも母は、とてもつらい過酷な労働の中、昔の嫁という立場で朝一番に起きて、夜は一番遅く寝るという状況の中、父と離婚をして、私の兄を連れて、実家に戻ろうと考えていました。

そんな時、私が母の胎内に入ってしまったのです。母が喜ぶはずがありません。私は、母のおなかの中で、母の悲しみを感じました。

つらい悲しみを感じました。私は、母に殺される。流産になるかと思いました。だけど、母は、私を殺しませんでした。私を産むことを決断してくれました。私は、ほっとしました。
「良かった〜」……

　母は、私を産み、またすぐに過酷な仕事をして、母が私をおんぶしようとすると、義理の姉が私を奪いおんぶをして、母と私は離れ離れでした。
　私は、母におんぶされたかったのに、悲しかったです。

　母が仕事から帰るのは、いつも遅く、私は、いつも眠っていました。
　０〜２歳の間、母との絆、スキンシップを求めていました。
　でも、昭和の時代、まだ昔の田舎の大家族の家族経営の中で、祖父が一番強い実権を握って、嫁は弱い立場の時代に、母のやりたいことはできない状況でした。私には優しい祖母も、母には、冷たく厳しい様子でした。

　だから、私のこころの中で、「母に忘れられた」と勝手な思い込みで思ってしまい、こころの奥深くにしまいこんでいました。眠っていた記憶が、呼び起こされたのは、母が亡くなる数年前のことでした。

　母の病院に私が、付き添った時に、母の名前が呼ばれ、母は診察室に入りました。その後、私を呼ぶように話していました。しかし、私は呼ばれずに診察は終わってしまいました。

「どうして呼んでくれなかったの？」と聴くと、母は、「忘れてた」と言いました。

　普段なら、何も思わないかもしれませんが、私は積み木の階段が崩れるような気持ちで、私のこころの中で母に対する思い、幼い頃に感じた「母に忘れられた」という信念が浮かび、「悲しみ」と「怒り」の感情が出てきました。

　母が亡くなる数年前に、言っていた言葉がありました。
「母のことを嫌いになった時に、私は死ぬよ」
「好きな人を嫌いになったら、死ぬんだよ」
　母の父、私のおじいちゃんを母は自分の母より好きでした。
　でも、「おじいちゃんのことが、嫌いになったら、死んだんだよ」と、私に、話していました。
　その頃は、「嫌いになるわけないじゃん」「ずっと、好きだよ」と言っていました。

　でも、現実、現世で初めて嫌いになっていました。
　それは、こんなに大切に想っているのに、どうして受け入れてくれないの？　と想う幼い頃の勝手な思い込みのせいでした。

　母は、死ぬ前に天上界で、私が母のことを好きな感情のまま、死んだとしたら、かわいそうだと思い、死ぬ時は、嫌われた時に死にたいと思ったようでした。

　それが、母にとっての私に対する愛情でした。母は、自分の父親の介護、親戚の介護をして、苦労しました。

だから、娘に同じ苦労をさせないように、本当に手をかけないで「死」を選びました。

　母が亡くなった時は、「どうして」と思いました。でも、今は感謝しています。「ありがとう」
　寝たきりで介護をずっとしていたら、好きな人でも、早く死んで欲しいと思われる。そんなふうになって、死ぬのは嫌だ。誰にも世話をかけない死に方がいい、と母は、自分の死に方を選択しました。

　年とともに、物忘れが多くなり、痴ほう症も出ていたのに、私は、自分の母親だから欲目で、痴ほう症ではないと信じていました。故意に母が、私のことを「忘れた」と思い、勝手に幼い頃の感情を爆発させてしまいました。

　そんなことも、母は天上界で聴いて、納得して自分の「死」を選択しました。
　人は、死に方を選択できます。生まれる前に、自分のストーリーを持って生まれてきます。しかし、潜在意識の引き出しの中にしまわれます。
　生きていく中で、分岐点があります。その時、自分で選択しながら、自分自身の「課題」を受け止めて生きていきます。

　母は、他界しました。でも、いつも私のそばで、いろいろ助けてくれます。
　感謝しています。「どうもありがとう」

第201話　死んだら……

　人は、現世で生まれ、「課題」を持って、生きていきます。自分の中で終止符を迎えると、自分の身体からたましいは、自由に抜け出します。幽体離脱を自由におこないます。透明人間になった状況で、現世でお世話になった方たちと最期の挨拶をします。しかし、その言葉が聴こえる人と、そんな気がすると感じる人と、まったく聴こえない人に分かれます。

　私の叔父が亡くなった時、関西の葬儀屋さんは、告別式前にお風呂に入れてくれるオプションがありました。家族は、依頼しました。その時、叔父は、自分の身体に出たり、入ったり楽しんでいました。親戚のみんなが来ると、自分の身体を抜け出し、挨拶したり、親族が挨拶をするときには、自分も一緒に横並びに立ち、きちんと深々とお辞儀をして感謝の言葉を話していました。

　そして、自分の身体がお風呂に入るとき、たましいは、自分の身体に戻りました。そして、「気持ちいいなぁ〜」「気持ちいいぞ〜」「極楽だ〜」「ありがとう」と本当に嬉しそうな表情で、満足していました。

「良かったね」と私は、叔父に伝えました。
　たましいは、自分の身体に入り、体感できます。死んだらすぐに、何もかもなくなるわけではありません。

　今までお世話になった身体とは、火葬されるまで、自由に出たり入ったりできます。叔父が亡くなった時も、天上界か

ら、お迎えが来ていました。
　先に亡くなった叔父の家族、父親、母親、兄弟、親戚が集まり、宴会のように賑やかに集まり、懐かしい話をいろいろ話していました。

　通夜や告別式の様子を、死んだ人間は、幽体離脱をした状態で、悲しんでいる親族のそばで一緒に過ごして見ています。親族、家族を見守る守護霊となります。

　通常は、天上界にいますが、手を合わせて、名前を呼べば、死んだ人間は目の前に現れます。目に見えない方が、ほとんどです。でもいると信じて話をすれば、死んだ人間は話を聴いているので、生きて話している人間のこころは、穏やかになります。守護霊に癒やされます。安心して、大切な亡くなった方と話をしましょう。守護霊は、いつもあなたを見守っています。
　あたたかく、優しいまなざしで、見守っています。

　あなたの人生を応援してくれています。安心して生きていきましょう。

第202話　夜の光

　夜の光も、朝や昼と同じようにまぶしい光が天上界から降り注がれています。チャクラの色、虹の色、黄金の色、透明なクリアーな色が生きている人間に、生物に、エネルギーとして、降り注がれています。

光が放つ明るさは、放射状で、目を開けているととてもまぶしい明るさです。

　写真を撮った時に、光が美しく輝いている光が、夜も同様に光り輝いています。

　通常の人には、見えていないようです。私も、スピリチュアルな感覚にスイッチを入れると見えます。

　あたたかい光は、現世で生きるみなに平等に降り注がれています。
　感謝をして、受け取りましょう。

第203話　ニュース

　ニュースで、突然の事故で亡くなった方たちの、本人の声が聴こえてきます。その時は、必ず鳥肌がたちます。死んだ時の様子や気持ち、感情を話してくれます。

　30代、40代前半は、聴きたくなくても、訴える念が強く、耳に入ってきていました。でも40代後半になって、自分のスイッチをオンとオフにできるようになって、随分楽になりました。

　遠くでも、遠隔透視ができます。霊が私に映像を見せてくれます。
　全ての人に、ニュースを通して、話していますが、やはり聴こえない人には、聴こえません。

この聴覚や霊視は、みな持っていますが、通常の人は、オフになっています。眠っている時に、天上界で話は聴いていますが、現世の世界に戻ると忘れてしまいます。

　天上界が現世での生活を充実できるように配慮してくれています。
　あなたは、愛されています。
　あなたは、守られています。
　あなたは、しあわせになる価値のある存在です。
　感謝しましょう。

「ありがとう」

第204話　病院

　病院は、亡くなった霊が多く住んでいます。昼間でも、歩いている姿をよく見ます。夜になると、霊は増えます。
　入院すると、霊の気配を感じます。

　でも悪い霊ではなく、良い霊です。良い霊というのは、生きている人間の命を取ろうとしたり、不安な気持ちを増やすことをしない霊です。
　ただ、自分の死を受け入れられず、さまよっている霊が多いです。

　そんな霊も、決められた時間になると天上界に呼ばれ、霊界に戻ります。
　病院で長く暮らしていた人が、亡くなっても同じ空間にい

ると居心地が良くて、病院に住み着いてしまうようです。

　現世の世界は、たましいを持っている生きている人間と、自分の身体が亡くなってしまった幽体離脱したたましい、霊が共存しています。
　同じ空間だけど、微妙に世界が違います。

　生きている人間、生かされている命に感謝をしましょう。
　自由に行動できることに感謝をしましょう。
　好きなことができることに感謝をしましょう。

「ありがとう」

第205話　天使

　天使は、あなたのそばにいます。いつもあたたかく優しいまなざしで、見守ってくれています。
　朝、目覚めると窓を開け、新鮮な空気を取り込みます。
　目を閉じて、深呼吸をします。光の色が見えます。
　今日のあなたの色です。必要な色が見えます。
　必要な光があたたかくあなたのオーラを包みます。

　こころ穏やかに、静かな時間を過ごしましょう。
　好きな飲み物を飲みましょう。

　天使は、風と一緒に肌感覚を刺激します。
　深呼吸を続けましょう。

吐き出すときに、あなたにとって必要のない感情は、吐き出しましょう。
　吸う時に、あなたにとって必要な感情、感覚を想像しましょう。

　　嬉しい
　　楽しい
　　しあわせ
　　大好き
　　ありがとう
　　ラッキー
　　ついてる
　　愛してる

言霊は、天上界の引き寄せの法則です。

発した言葉通りの現実が、目の前に現れます。

笑顔は、あなたとまわりの人間をしあわせにします。

こころや身体、気持ち、肉体に大きな影響を与えます。

思考は、自由です。
自由気ままに、好きなことを考えましょう。

生きることのご褒美です。

雨粒の一つ一つに願いが込められています。

澄んだ雨粒に、願いを託しましょう。

　キラキラ輝く宝石のような光は、すべての人間が持っています。

　気が付くか、気が付かないかは、たましいが判断、決めてくれます。

　はっきり、わからなくてもいいのです。
　あなた自身のピュアな感覚を信じましょう。

　気持ちが、穏やかになることを考えましょう。
　あなたのハートが広がります。

　何もかもうまくいくと信じましょう。
　天使は、あなたのそばにいます。

　あなたが、望めばすぐに手を差し出してくれます。

　豊かな愛があふれます。

　豊かな愛と慈しみのある光エネルギーが、降り注がれています。

　未来は、明るいです。
　信じましょう。

　豊かさは、あなたの中で、安心してふくらみます。

優しさ、あたたかさも手に入れます。

あなたが、眠っている時、天使と空を飛んでいます。
空を自由に飛び、大空に羽ばたいています。

両手を広げ、目を閉じたまま、好きな場所に舞い降りましょう。

あなたの望む場所に到着します。

こころが、解放されると、リラックスできます。
肩の力を抜いて、緊張感を和らげましょう。

自然体のまま、のんびり過ごしましょう。

あなたは、愛されています。
あなたは、守られています。
あなたは、しあわせになる価値のある存在です。

安心しましょう。
天使は、あなたのそばにいます。

天使に、話しかけましょう。
天使は、あなたの言葉を聴いて、メッセージを応えてくれます。

ありがたいですね。

あなたのオーラは、輝きを増します。
ひとりひとりが輝きを増します。

全ての人に、あたたかい愛と慈しみのある光が天上界から降り注がれています。

安心して、ご自身のことを天使に話しましょう。

第206話　夢の中で

夢の中で、天使がメッセージをくれます。

このメッセージは、あなたにとって、必要なメッセージです。静かに聴きましょう。

第207話　海外旅行

海外旅行で訪れる場所は、あなたにとってご縁のある場所です。前世で、その土地に住んでいたことがある場所です。

現世のあなた自身は、忘れているかもしれませんが、あなたの中の潜在意識の記憶の中には、きっと入っています。

何かの瞬間、懐かしい気持ちになったり、心から喜ぶ気持ちになったり、穏やかな時間を過ごすことができます。

道案内は、あなたには見えないかもしれませんが、あなたの守護霊、ガイドがそばについていてくれます。

だから安心しましょう。楽しみましょう。
前世だけでなく、現世でもご縁がある土地なのだから、あなたにとってプラスとなります。

あなたの願いが叶います。
リラックスして、無になり、大きく深くゆったりと深呼吸をしましょう。

目を閉じましょう。

あなたの欲しい物を考えましょう。

あなたが、欲しい感覚は、なんですか？

感謝をして受け取りましょう。

「ありがとう」

第208話　植木

私の祖父は、祖母が大好きでした。亡くなった祖母が大好きだった庭の植木、花を大切にしていました。祖母が大切にしていたから、枯れさせたら、かわいそうだからと毎日水をあげて、仏壇と墓に手を合わせていました。

そんな祖父が、私の自慢で大好きでした。

母もその影響なのか、庭やベランダに植木や花を大切に育

ていました。

　母が、亡くなる前に、何故か大量の植木をあげると言われ、断ると私の娘たちにあげると言い、いきなりたくさんの植木が我が家のベランダに届きました。母は、その時、もう自分の「死」が近いことを潜在意識の中で知らされていました。だから、死に支度をしていました。

　母が亡くなり、父が庭の水やりをする姿を見て、私はびっくりしました。
　何故かと言うと、母が生きている時は、水やりをしたことは全くなかったからです。祖父と同じように、父もしていると思うと嬉しくなりました。
　毎日、仏壇に手を合わせて、散歩がてら墓参りに歩いて行き、水ではなく、自動販売機で、色のついた飲み物を供えていました。

　父は、昭和ひとけたの人間で、亭主関白でした。母が亡くなってから父が母のことをこんなに愛していたんだということが、わかりました。

　今は、祖母も祖父も母も父も、他界しました。守護霊として見守ってくれています。

「いつも愛してくれて、ありがとう」

第209話　傷ついたこころのあなたへ

あなたは、何も悪くありません。

あなたに対して、敵対視した相手は、傷ついたこころの持ち主です。
　あなたを責めることで、自分の居場所、地位を認めていました。

　あなたは、傷つき心が痛み、身体もボロボロになりました。
　つらかったでしょう。
　よく頑張りましたね。
　もう大丈夫ですよ。
　あなたをあなた自身のオーラが守ります。
　天上界の光が、あなたを守ります。

　天上界の神、天使、守護霊が守ります。

　もう怖れる必要はありません。

　あなたが傷ついたこころ、身体は、回復します。

　涙は、浄化です。
　涙を流し、自分自身を癒やしましょう。

　あなたのこころ、身体は、愛と慈しみに満ちあふれています。

　本来のあなた自身の光を受け入れましょう。

　あなたの望みは叶います。
　願いは叶います。

信じましょう。

安心しましょう。

ゆるやかな時間の流れとともに、大きな流れがきます。

あせらなくていいですよ。
いつもそばに天使がいます。

天上界に身をゆだねましょう。

光の流れとともに、あなたは愛されます。
守られます。

あなたの考える喜び、しあわせが目の前に現れます。

ゆっくり深く深呼吸をしましょう。
目を閉じて、穏やかな時間を過ごしましょう。

森羅万象に感謝をしましょう。
「どうもありがとう」

自分自身を受け入れ、認めましょう。

過去の怖れを手放します。
過去の悲しみを手放します。
過去の怒りを手放します。

過去を「許します」。
許すことを手放します。

傷つけられたこころと身体を手放します。

天上界の愛と慈しみのあるポジティブな光エネルギーが降り注がれています。

光に感謝をしましょう。
「ありがとう」

優しさ、あたたかさを「ありがとう」

第210話　瞑想しましょう

瞑想は、難しいものではありません。
自分にとって、自然な心地よい方法で瞑想しましょう。
こころと気持ちを落ち着かせましょう。

瞑想している間、あなたの精神は天上界とつながります。
目を閉じ、ゆっくりとした深呼吸を続けましょう。

静かな場所で、ゆったりした気持ちで瞑想しましょう。

瞑想は、癒やしです。
こころに安らぎを持ちましょう。
肉体に活気をもたらしましょう。

こころと身体に、栄養を与えましょう。

静かな時間を楽しみましょう。
あなたのたましいが望むものをすべて受け入れましょう。

あなたの光、たましいが光り輝きます。
輝きを増します。

リラックスして、安心しましょう。

感謝をしましょう。

いのちに感謝をしましょう。
生かされている命。
好きなことができる命。
自由な行動を許しましょう。

天上界の光に感謝をしましょう。

「どうもありがとう」

あなたは、愛されています。
あなたは、守られています。
あなたは、しあわせになる価値のある存在です。

こころ穏やかに過ごしましょう。
本来の、ありのままのあなた自身が、輝きます。

信じましょう。
何もかもうまくいきます。

天使が、そばにいます。
感謝をしましょう。

「どうもありがとう」

第211話　過去に縛られない

　潜在意識の中に、たましいの記憶が入っています。
　記憶を覗けば、傷つくこころ、傷ついたこころが、見えてくるでしょう。

　しかし、過去に縛られないでいいのです。
　現世で生きるあなたのたましいは、あなたのものです。
　過去をなぞる必要はありません。

　過去とは、一切無縁です。
　たとえ、人間関係が違ったとしても、たましいが記憶していたとしても、現世での人間関係を楽しむことが大切です。

　あなたのたましいを輝かせる方法は、自分自身のたましいを信じることです。自分自身のたましいを愛することです。
　自分自身のたましいをすべて受け入れ許しましょう。
　あなたは、何も悪くありません。
　純粋なあなたのたましいは、素晴らしい光です。
　愛と慈しみのある光です。

あなたの光を信じましょう。
　あなたの光を誰よりも愛しましょう。

　現世で愛するあなた自身のまわりには、あなたを愛する光がいっぱいあります。

　人生を楽しみましょう。
　あなたが、喜ぶことを考えましょう。
　あなたが、しあわせだと感じることを楽しみましょう。

　こころから願えば、天上界につながります。
　神と天使と守護霊が、あなたを見守ってくれています。
　あなたの現世での時間を大切に生きていきましょう。

「ありがとう」感謝をして、すべてを受け入れます。

　あなたは、光り輝きます。
　美しい光を放ちます。
　あなたのたましいは、癒やしです。
　安心しましょう。
　自分自身を信じることが、大切です。

　こころから、自分自身を愛すれば、他者からも愛されます。
　愛の光、愛のオーラの中で、あたたかく過ごせます。

　自分自身をねぎらい、身体の細部に感謝をしましょう。
　あなたのたましいを守っています。
　大切ないのちを守っています。

こころと身体を大切にしましょう。
ゆっくりとする時間をとりましょう。
自分自身のために、リラックスできる時間をとりましょう。

こころと身体が喜ぶことを考えましょう。
たましいが癒やされます。
疲れたたましいを解放させてあげましょう。

のんびり過ごすことを、許可しましょう。
忙しさは、こころも身体も疲れさせます。
気が付いた時に、軌道修正を行いましょう。

あなたは、守られています。
あなたは、愛されています。
あなたは、しあわせになる価値のある存在です。

あなたに、たくさんの幸運が天上界から降り注がれています。

あなたのこころと身体を解放して、すべてを受け入れましょう。

感謝をして受け入れましょう。
「ありがとう」

第212話　偶然は必然

あなたは、天上界とつながっています。

偶然は、必然です。

　あなたの空想と想像力によって、無限の可能性と素晴らしい体験をすることができます。

　すべて、天上界は、見ています。
　あなたの発信する感情を受け止めています。

　あなたの思考を自由に創造しましょう。
　ひらめき、直感を信じましょう。

　天上界からのご褒美です。

　感謝して、受け取りましょう。
「ありがとう」

第213話　自分の考えを大切にしましょう

　自分で、自分を認めましょう。
　あなたは、認められる価値のある存在です。
　他人の目は、気にしなくていいのです。

　自分自身を愛しましょう。
　自分の考えを大切に持って、自分のやりたいことをやりましょう。

　行動や判断の基準は、他人の意見ではありません。
　自分自身の考え方なのです。

他者の言葉、態度に振り回されなくていいのです。
　他者の意見は、あなたの本質とはなんの関係もありません。
　あなたという人間に対して感じることを、勝手気ままに言い放っているだけです。

　そんな言葉や態度を信じて、傷つきこころや身体を悪くしても誰も困りません。

　あなたのこころと身体だけが、傷つきつらい体験をするだけです。

　あなた本来の光を取り戻しましょう。
　ゆっくり休めば、わかります。
　何が必要なのか。
　あなた自身を愛することです。

　自分で自分を愛しましょう。
　大切に自分自身のこころと身体を癒やしましょう。
　ねぎらいの言葉をかけましょう。

　こころと身体が、回復すれば、本来の光、たましいが輝きます。

　自分の人生でなにをしたいのか。
　何をしたら、たましいは喜ぶのか。

　自分自身を好きになりましょう。

自分自身が一番の理解者です。

　自分という存在を最大限に生かしましょう。
　自分自身を一番に尊重しましょう。

　わからなくなったとき、あなたはひとりではありません。
　天使が、そばについています。
　あなたに、天使の姿が見えなかったとしても、声が聴こえなかったとしても、天使はいます。

　天使からのメッセージです。
　信じる者は、救われます。

　天上界から、降り注ぐ光は、それはそれは、素晴らしく神々しい光です。
　あたたかく、優しく、現世の人間、すべての生き物に、平等に降り注がれています。

　愛と慈しみのあるポジティブな光エネルギーと同時にメッセージも贈られています。

　愛を大切にしましょう。
　自分のたましい、いのち、こころ、からだを大切にしましょう。

　大切にすることで、あなたの姿が鏡に反射されて、愛が惹きつけられます。
　ありのままのあなた自身を愛しましょう。

愛の光が包んでくれます。
安心して、目を閉じて、ゆったりと、深呼吸をしましょう。

あなたの望むもの、欲しいもの、願いが、叶います。
信じましょう。

無理はしなくていいのです。
自然体で、ありのままの自分を愛しましょう。

天上界の光に感謝をしましょう。
「ありがとう」

あなたの光は、輝きを増しています。
リラックスして、ゆったりと深呼吸をしましょう。

目を閉じて、天使と話しましょう。
あなたに必要な「ひらめき」「直感」が、あります。

その言葉、考えの通りに生きていきましょう。
未来は、あなたの創造力で引き寄せられます。

今ある現実は、あなたの過去の思考です。
なりたい自分自身を創造して楽しみましょう。
あなたの笑っている姿を創造しましょう。

あなたの生きる道が見えてきます。
あなたの光り輝く道を歩いていきましょう。
天使がそばにいるので、安心して楽しみましょう。

天使に「ありがとう」と感謝しましょう。

あなたにとってのしあわせが、目の前に現れます。
良かったですね。

感謝をして、受け取りましょう。

自分自身のこころ、たましいに正直に聴いて
やりたかったことをやりましょう。

自分自身を好きになることに感謝をしましょう。
嫌いな部分も認めましょう。
嫌いな部分を許しましょう。

あなたのたましいは、素晴らしい価値のある存在です。
安心しましょう。

あなたは、愛されています。
あなたは、守られています。
あなたは、しあわせになる価値のある存在です。

「ありがとう」

第214話　大丈夫だよ

あなたの不安な気持ち、心配事は天使にゆだねましょう。
あなたは、自分の人生のしあわせだけを考えましょう。

安らぎを感じましょう。
あなたの将来の投資になります。

安心しましょう。

第215話　ろうそくの灯り

ろうそくに火をつけましょう。
目を閉じて、手を合わせます。

こころの声を聴きましょう。
こころの声の通りに歩いていきましょう。
天使に声をかけ、助けてもらいましょう。
こころの奥そこに生まれる恐れの気持ちを
浄化してくれます。

過程を楽しみながら、夢の実現ができます。

第216話　真実

真実は、目の前にあります。
恐れは、必要のないものです。

自分自身を信じましょう。
不安な気持ちになった時、怖れを感じた時は
天使を呼びましょう。

天使にゆだねましょう。

自分の喜びだけを感じましょう。

　喜びを感じることのできるこころ
たましいに感謝をしましょう。

「ありがとう」

　天使に、感謝をしましょう。

「ありがとう」

　天上界の光に感謝をしましょう。

「ありがとう」

　恐れは、消えます。

　喜びが、満ちあふれます。
信じましょう。
安心しましょう。

　目を閉じて、大きく深くリラックスして
深呼吸をしましょう。

　天使の声、メッセージを、受け取りましょう。

　あなたの「ひらめき」「直感」を信じ、行動しましょう。

ありのままのあなた自身が、輝きを増します。

たましいが、光り輝きます。
あなたのまわりに、素晴らしい愛の光が集まります。

あなたは、笑顔の中で過ごすことができます。
こころから、喜びましょう。

喜びを受け取った感覚を感じとり、愛に感謝をしましょう。

「ありがとう」

愛に満ちた喜びを受け取ることができます。

あなたは、クリアーな光のオーラの中で守られています。

深呼吸を続けましょう。
エネルギーをチャージできます。

あなた本来の美しい光、たましいが輝きます。

あなたは、愛されています。
あなたは、守られています。
あなたは、しあわせになる価値のある存在です。

「ありがとう」

第217話　買い物

　他界した父と母と一緒に、買い物をすると、自分の食べたい物ではないものが、買い物かごの中に入ります。

　父と母の好きな物を買い物かごの中に入れてしまいます。
　他者から見れば、私が手に取って、買い物かごの中にいれているので、何も問題はありません。

　私のこころの中で、父と母と会話をしながら、買い物をしています。

　他界した仏様は、生きている人に乗って、一緒に食べます。
　私が、食べれば一緒に食べられます。

　もし、家族の誰かが、亡くなっていたとしたら、たまに、声をかけて買い物をすると、亡くなった人の食べたい物を教えてくれますよ。
　一緒に食べると、亡くなった方は喜びます。
　たまに気が向いたら、買い物をしてみましょう。

第218話　犬のたましい

　我が家で一緒に暮らしていた犬がいました。とてもかわいくて、かしこくて、大好きな犬でした。
　シェルティー、名前は「レド」です。

　平成14年1月13日、他界しました。

動物のお寺で、火葬しました。

　命日に、水をあげると姿を見せてくれて、ごくごく飲んでくれます。

　犬用の器の水が波打って、「飲んでるよ」と教えてくれます。

　毎日線香をたてています。
　両親の線香をたてる時に一緒に、犬用に、線香を半分に折って、たてています。

第219話　ご縁に感謝します

　天上界から、現世に舞い降りて、母の胎内に入り、生まれて、人生を歩みます。
　ご縁があって、目の前の人たちと人間関係をつくっています。
　ご縁に感謝をします。
「どうもありがとう」

　出逢った人たちが、素晴らしい人生を歩んでいけることに、感謝をします。
「どうもありがとう」

　ご縁があって、この文章に目をとめて読んでいただき
　感謝しています。
「どうもありがとう」

天上界の教えは、みな平等に、「愛」を与えられています。
ひとりひとりのたましい、光は、すばらしい存在です。
みなが、光り輝いています。
困った時、不安や怖れを感じた時は
天上界にゆだねましょう。
神、天使、守護霊にゆだねましょう。

　天上界は、自由意思を尊重しています。
あなたが望むことを叶えてくれます。
望まないことは、手助けしてもらえません。
困難を選ぶのか、楽を選ぶのか、自由に選択できます。

　自分で考え、自分を尊重して、自分を大切に育みましょう。

　すべて、天上界が守ってくれています。
安心しましょう。

　自分に自信を持ちましょう。
　自由意思は、現世だからできることです。
　自分の肉体を持ち、たましいがあること、生かされていることに感謝をします。
「どうもありがとう」

第220話　ろうそくの火

　私が20代の頃、霊感があるけど、まだ怖い者、無縁仏ばかり感じて、よく乗られていた時の話です。

今は、自分で無縁仏を天上界におくってもらうことができます。不動明王や天使「ミカエル」に頼んで行います。

　私の場合、20代の２年間は、「修行」でした。
　悪魔、悪霊、死神ばかり見て、怖くて、怖くて、生きていくことがつらい時期でした。

　死ぬことしか、考えられない１年間を過ごした後、守護霊の「おじいちゃん」の存在が、私にはとても大きくて、あたたかくて、守ってくれていたことに感謝をしました。

　神棚、仏壇の前で、ろうそくに火をつけて、せんこうをたてました。ひとり座り、お経をあげました。
　今までの自分のおこないを神様、ご先祖様に１時間くらい涙を流しながら、話しました。

　その時、見せてくれたのが、ろうそくの火です。
　目を閉じると、たくさんのろうそくの火のようなあかりです。たましい。光です。守ってくれている、ひとつひとつの命です。姿を見せてくれて、感謝しました。

　現実のろうそくの火も、風のない場所で大きく伸びたり、激しく揺れたり、ろうそくの火に、神様が乗り、「ちゃんと話を聴いているよ」とわかるように、教えてくれました。
　そして、ろうそくのろうがたれて、龍神様の姿を見せてくれました。
　龍神様が、見守ってくれていることに、感謝をしました。
「どうもありがとうございます」

「命を守ってくれて、ありがとうございます」

　それから、私は、「生きる」ことを約束して、自分の霊感を受け入れました。
　受け入れたと同時に、今度は、素晴らしい神さまや仏像などに入っているたましいと、話ができるようになりました。

　その後、ブッダ、ミカエル、マリア、母子観音、不動明王、ガネーシャ、女神、百済観音、千手観音……。天上界のことをいろいろと教えてもらえるようになりました。

　今、感謝しています。
　生かされている命に感謝をしています。

「どうもありがとう」

　50代になって、学んだことです。
「引き寄せの法則」をつかい、私は、自分のからだを病気にしました。
　大切な自分の身体をつかい、自分のこころと身体を傷つけました。

　自分が、間違っていたことに気が付きました。
　今は、こころと身体を休め、休養をとり、こころも身体も健康になりました。

「病は気から」という言葉がありますが、本当にそうだなと実感しています。

何もかも、天上界に教えてもらいました。
愛の連鎖を意識しましょう。
天上界から愛と慈しみのある、ポジティブな光エネルギーが降り注いでいます。

天上界の光は、地球に生きている全ての人間に、生きている生き物、すべてに平等に贈られています。
メッセージも一緒に贈られています。

感謝をして、受け取りましょう。
「どうもありがとう」

第221話　前世と現世

40代になって、自分の前世が見えるようになって、50代で、前世の人間関係、現世の人間関係を考え、前世のたましいと会話して、ともに涙を流して苦しみました。
どうしたらいいのか、現世で何をしたらいいのか。
悪いことは、前世のたましいのせいにしたりしました。

でも、間違っていました。輪廻転生があることは、事実です。私の脳の中、記憶の中、潜在意識の中に前世の記憶が入っていて、現世でも同じことが起こると、同じ気持ちになって、頭がおかしくなりました。

現世は今の「わたし」のたましいのものなのです。
私が決めていい。私の人生だから。
誰の許可もいらない。

前世のたましいの許可はいらない。
自分で好きな生き方をしていくことができます。
今、気がつきました。

教えてくれて、「どうもありがとう」。
ずっと頭の中がごちゃごちゃしていました。

　天上界から、現世に舞い降りた私のたましいは、母の胎内に入りました。母から産んでもらい、命をいただきました。

　現世で、今は祖父、祖母、父、母はもう他界しました。私のたましいは、生まれてきた時の「課題」をします。

　天上界のことを伝えます。
　天上界から降り注ぐ「光」を伝えます。
「愛」と「許し」を伝えます。
「宇宙の引き寄せの法則」も伝えます。

　ご縁に感謝をします。
　いのちに感謝をします。
　生かされていることに感謝をします。

「どうもありがとう」

第222話　エネルギー充電

朝、目覚めたら窓を開けましょう。
新鮮な空気を取り込みましょう。

太陽の光を浴びましょう。
まぶたを閉じて、手を合わせましょう。

まぶたの奥に、様々な光の色が見えてきます。
あなたにとっての必要な光エネルギーです。

睡眠をとることもエネルギー充電です。
そして、新鮮な空気を吸い、深呼吸すること、太陽の光を浴びることもエネルギー充電です。

目を閉じて、手を合わせましょう。
「今日いただくたくさんの幸運、喜びとしあわせに、こころから感謝します」
「どうもありがとうございます」

第223話　墓参り

　墓参りで、手を合わせると亡くなった仏様は、目の前に現れ、喜んでいろいろ話を聴いてくれます。

　遠くて、なかなか行けない方は、自宅で手を合わせて、お水を供えてあげるだけでも、大丈夫ですよ。

「いつも守ってくれて、ありがとう」
「お水、飲んでね」と言えば、喜んで飲んでくれます。

「わかるように、見せてください」と、お願いすれば、水が揺れて、水が減るのが、わかりますよ。

もし、墓参りに行くときは、故人からもらったアクセサリー等を身につけると、故人はにこにこ喜びます。

「どんな花がいい？」
「何が食べたい？」と聴くと、教えてくれますよ。

　無になって、あなたの「ひらめき」「直感」を信じましょう。
　きっと故人の好きな物を選べます。
　一緒に食べて、故人の話をすると喜びますよ。
　あなたの隣か、前に座っています。
　楽しい会話をしましょう。
　故人は、あなたの笑顔、喜んでいる姿が、大好きです。

　感謝をしましょう。
「どうもありがとう」

　あなたの未来の道を歩きやすくしてくれます。

「守ってくれて、ありがとう」

第224話　光の道

2016.3. 吉日

　東京都内にある両親の墓参りに行きました。花を買って、水と線香を供え、お経をあげました。両親と会話をして、いつもの生活に戻りました。

　車で、京都鞍馬寺に行きました。鞍馬山に登ると、健康の

ありがたさや、足が丈夫であることに感謝できます。
　美味しい新鮮な空気を深呼吸するとこころが洗われます。

「天に感謝をします」
「すべては尊天にてまします」
「どうもありがとうございます」

　毘沙門天王様（びしゃもんてんのう）
　千手観世音菩薩様（せんじゅかんぜおんぼさつ）
　護法魔王尊様（ごほうまおうそん）

「お守り、ありがとうございます」

　毘沙門天様と聖観音菩薩様と話をしました。
「あたたかく、優しく、守っていただき、感謝します」
「どうもありがとうございます」

　貴船神社もお参りさせていただきました。
　ご神水をいただきました。
「命の水、ありがとうございます」

　岡山県、龍泉寺に行きました。
　朝、滝行を初体験しました。
　終わった後、身体がポカポカになりました。
　邪気を取っていただきありがとうございます。

「両親の供養をしていただき、感謝しています」
「どうもありがとうございます」

龍泉寺は、私のひいおじいちゃんが、滝行の修行をして、お参りに来ていた場所です。その後私のおじいちゃんがお参りに来て、次に私の両親がお参りに来ていました。
　代々受け継がれて、守られています。

「八大龍王様、感謝しています」
「どうもありがとうございます」

　四国、香川県観音寺市内の両親の墓参りに行きました。
　久しぶりです。両親は、とても喜びました。
　花と線香を供え、お水は、貴船神社でいただいたご神水をあげると、両親はごくごく飲んで、喜びました。
　本当に、供えた水が減ります。

「いつも守ってくれて、どうもありがとう」

　奈良、法隆寺に行きました。
　百済観音様に逢うために行きました。
　百済観音様とお話をしました。

「いろいろ教えてくれて、ありがとうございます」
「守ってくれて、ありがとうございます」

　千手観音様、聖僧様とお話をしました。

「優しく教えていただき、感謝しています」
「どうもありがとうございます」

朝一番の早い時間は、空気が澄んでいて、とても良い気をいただきました。

「どうもありがとうございます」
「感謝します」

　３月吉日、２泊３日の旅。
　楽しく過ごせました。

　東京都内の両親の墓参りをしました。
「いつも守ってくれて、どうもありがとう」

第225話　百済観音

2016.3. 吉日

　奈良、法隆寺で、百済観音さまに逢いました。
「遠路はるばる、よく来てくれましたね」

「私もうれしいです」
「逢いたかったです」

「一緒に来た人たちは、あなたの良き理解者ですね」
「良かったですね」
「大切にしましょうね」

「はい」
「ありがとうございます」

百済観音さまと初めて話をしたのは、上野で公開された時でした。
　あれから月日が流れ、ようやくまた逢えました。

　あの時も、百済観音さまは、世界平和を願って守ってくれています。

「ありがとうございます」

　百済観音さまは、優しくてあたたかいです。
　人々に、光の道を授けてくれています。

「光に感謝をします」
「ありがとうございました」

第226話　聖僧像　伝観勒僧正像

2016.3. 吉日

　奈良、法隆寺、歩いていると、「いらっしゃい」と言われ、声が聴こえるままに入ると、聖僧像、伝観勒僧正像さまが、目の前にいました。

　逢うとすぐに、

「苦労した」

「今は、平和な世の中になって良かった」

と言ったと同時に、その当時の映像を私に見せてくれました。

　私は、頭の斜め上あたりに映像が流れます。
　映画を観るような感じで、映像が流れます。

　日本の民は、こころがすさんでいました。
　信じるものがなく、争いが絶えませんでした。
　僧たちが船に乗り、中国にお経をいただきに行きました。
　その船は、小さく、雨や風が激しい中、転覆しそうになるところを天が助けてくれました。
　光をさし、お経を日本に持ってくることができました。

　信仰するものがあると、人は強くなれます。
　自分の信じることを大切にしましょう。

　聖僧さまの耳が大きいのは、人の話をよく聴くため。

「人は、いろいろなことを言います」
「勝手なことを言うんだよ」
「そのひとつひとつに対して気にする必要はないのだよ」
「自分が信じることだけを大切にしなさい」
「自分の思う通りに進みなさい」
「あなたの光る道を歩きなさい」
「誰もが自分の道を歩けばいいのです」
「直観、ひらめきとなって伝えます」
「安心して進みなさい」

と教えてくれました。

聖僧さまは、今も現世の日本を守ってくれています。
ありがたいです。

「守ってくれて、ありがとうございます」
「感謝しています」
「お逢いできて良かったです」
「どうもありがとうございます」

第227話　千手観世音

2016.3. 吉日

奈良、法隆寺、千手観世音さまとお話をしました。

「手を合わせましょう」
「手を合わせれば、優しさが生まれます」
「手を合わせれば、愛が生まれます」
「手を合わせれば、絆が生まれます」
「手を合わせて、人間関係を築きましょう」
「あなたは、ひとりじゃない」
「あなたを大切に想い、支えてくれている人がいます」
「感謝をしましょう」
「安心しましょう」
「あなたは、守られています」
「あなたは、愛されています」
「光る道を歩きましょう」
「手を自由自在に動かしましょう」

「手を自由自在に使って、創造しましょう」
「あなたのやりたいことをやりましょう」
「あなたの光る道を歩きましょう」
「あなたの思う通りに歩きましょう」
「現世の光る道を歩けばいいのですよ」

「教えてくれて、ありがとうございます」
「感謝します」
「お逢いできて、うれしいです」
「どうもありがとうございます」

第228話　手を合わせましょう

　手を合わせましょう。

　目を閉じて、リラックスしましょう。

　大きく深く深呼吸をしましょう。

　自分のこころとからだに意識を向けましょう。

　自分のリズムで、深呼吸を続けましょう。

　吐くときに、自分にとって必要のない感情を、吐き出しましょう。

　吸うときに、自分にとって必要な感覚を、想像していただきましょう。

自分が欲しい光の色を想像しましょう。

　天上界の愛の光がたくさん降り注いでいます。

　天上界は、地球上のすべての人たちに、平等に愛と慈しみの光を降り注いでいます。

　感謝をして受け取りましょう。

「どうもありがとうございます」

第229話　感謝しましょう

　生かされている命に感謝をしましょう。

　雨に濡れない家で、暮らせることに感謝をしましょう。

　生きるために、食事ができることに感謝をしましょう。

　寒さをしのぐ衣服を身に着けることに感謝をしましょう。

　人との出逢いに感謝をしましょう。

　良きご縁に感謝をしましょう。

　働くことのできる仕事に感謝をしましょう。

　夢を持つことに感謝をしましょう。

たましいを安心させる身体があることに感謝をしましょう。

しあわせを感じるこころに感謝をしましょう。

天上界に感謝をしましょう。

愛と慈しみのある光に感謝をしましょう。

「どうもありがとうございます」

第230話　信念

自分のこころが決めたことを大切にしましょう。

自分の信じる想いを大切にしましょう。

自分の信じる道を大切にしましょう。

人の意見は、聞かなくていいのです。

参考にする程度でおさめましょう。

人の顔色を見なくていいのです。

恐れを手放しましょう。

自分らしく生きていきましょう。

ありのままの自分を愛しましょう。

ありのままの自分が一番素晴らしい存在です。

無理をしないでいいのですよ。

人と比べる必要はありません。

あせらないでじっくり考えましょう。

自分が光ることを考えましょう。

たましいが喜ぶことを考えましょう。

生まれてきて良かったと思えることを考えましょう。

自分自身を褒めましょう。

自分自身をいたわりましょう。

自分自身の話を聴いてあげましょう。

自分自身が一番の良き理解者です。

安心してくつろぎましょう。

自分にとってのしあわせは、自分が決めます。

自分のちからを信じましょう。

天上界の光は、あなたにたくさんの愛と慈しみのある光を降り注いでいます。

感謝をして受け取りましょう。

「どうもありがとうございます」

第231話　人の声

私は、天上界の光が見えます。
天上界のメッセージが聴こえます。
仏像にたましいが入っていると話ができます。
前世を見ることができます。
他界した霊と話をすることができます。
神様、天使、守護霊に守られています。
私は、私自身を愛しています。
ご縁に感謝をしています。
生かされている命に感謝をしています。
光の道を歩くことに感謝をしています。

人は、自分が見えないもの、聴こえないものは、信じることができないのかもしれません。
　難しいことなのかもしれません。

でも私は見えるし、聴こえることが真実です。

そんな人間がいるのかもしれない、と思ってもらえたら、うれしいです。

　神様、天使、守護霊は、私に教えてくれました。
　人の声は気にしなくていいんだよ。と。
　人は自分勝手なのだから。
　自己中心的に物事をとらえるのだから。
　振り回されないでいいのだと。

　だから安心しなさい。
　恐れる必要はない。
　自分らしく生きればいい。
　生かされる命に感謝をして、好きなように生きなさい。
　と、教えてくれました。

「感謝しています」

「どうもありがとうございます」

第232話　光の話

　たましいは、光です。
　光り輝いています。
　光は、とても美しく輝いています。

　天上界もとてもあたたかく優しく安らげる場所です。
　だから、人は眠ると天上界に戻るのです。
　目覚めると覚えていません。

たましいは、寿命があります。
生まれる前に決めて、現世で生まれます。
知っているのは、潜在意識の中の自分です。
顕在意識の自分は覚えていません。
忘れています。

人は、死ぬと天上界に戻ります。
安心して過ごせる場所です。

たましいは、輪廻転生を繰り返します。
前世で出逢い、現世で出逢う人もいます。
　人間関係は違いますが、たましいの成長に必要な人とはご縁があります。

　逢うべきして逢う。
　ご縁を感じた人とは、大切な時間を大切に過ごしましょう。

　現世でのたましい、光に必要だから、逢うことができます。
　逢う必要のない人とは、逢わなくなります。

　望む、望まないは別として、決められた出逢いの時間があります。

　時の流れに身をまかせましょう。
　波に乗りましょう。

自分というたましいを受け入れましょう。
たましいを愛しましょう。
たましいを許しましょう。
傷ついたこころを癒やしましょう。
傷ついたこころの声を聴きましょう。
「助けて」の声を聴きましょう。

「あなたは、何も悪くないですよ」
「自分を責めるのは、やめましょう」
「自分自身を愛しましょう」
「あなたならできます」
「自分を信じましょう」

「悲しみ」「恐れ」「怒り」を、手放しましょう。

　気が付いた時に、小出しで、天上界に手放していきましょう。

　天上界にゆだねれば、苦しまずに、楽に捨てることができます。

　無理する必要はありません。

　あなた自身が、喜ぶことを考えましょう。

　願いは叶います。

　天上界に感謝をしましょう。

「どうもありがとうございます」

第233話　お経

お経は、天上界と現世を結ぶ扉を、開くことができます。
素晴らしいものです。

お経は、たましいを癒やすことができます。
お経は、死んだ人にとっても、生きている人にとっても、宝のお経です。

たましいの光を輝かせることができます。
エネルギー充電ができます。
人に例えると、ご飯を食べることと、同じことです。
たましいに栄養を与えてあげましょう。

お経は、天上界からの贈り物です。
天上界からのメッセージです。

感謝をして受け取りましょう。

「どうもありがとうございます」

第234話　無限の愛

天上界の神は、無限の愛を与えてくれます。
信じるか。
信じないか。

自由です。

あなたの創造を自由に働かせましょう。
信じる人は、無限の愛をいただくことができます。

信じる者は、救われます。

自分自身を尊びましょう。

天上界は、聖なる愛をおくっています。

愛と慈しみのある光は、美しく輝いています。

天上界から降り注ぐ、無限の愛を受け入れましょう。

「どうもありがとうございます」

第235話　命に感謝

　私のたましいは、先祖が生きていてくれたから、現世に生きることができます。

　現世のたましいは、感謝します。
「どうもありがとうございます」

　命のバトンを手渡すことに感謝します。
「どうもありがとうございます」

心臓に愛を届けましょう。
自分の心臓に「いつもありがとう」と伝えましょう。

健康な状態で動き続けていることに、感謝しましょう。

身体に気を配りましょう。
慈しみの気持ちを向けましょう。
適度な運動と健康な食生活をこころがけましょう。
直感に従いましょう。

愛と慈しみの光を心臓に降り注ぎましょう。

あなたは、愛されています。
あなたは、守られています。
あなたは、しあわせになる価値のある存在です。

感謝して受け取りましょう。

「どうもありがとうございます」

第236話　石の神様

石の神様と出逢ったのは、いつだったのか？
私が20代の頃でした。

父が生きていた頃、土地と家を購入しました。
　しばらくたった頃、私の正夢だったのか？　家の下、床の下に石の神様が存在することを、教えてもらいました。

家の下、床の下を掘ると、石の神様が出てきました。
私は、その場に立ち会いませんでした。
両親と兄が立ち会いました。

石の神様は、遠隔で私に教えてくれました。
戦国時代の武士たちを守っていたことや、その後もその土地の民たちを守っていたそうです。

その土地のお地蔵さまのように、石の神様は、その土地の人々の手を合わせる対象だったそうです。

石の神様は、お寺の住職さんに清めてもらいました。

今は、地上に出て、その土地の人々を守ってくれています。

「どうもありがとうございます」

「感謝します」

「命に感謝をします」

「ありがとうございます」

第237話　鞍馬山

2016.3.吉日

京都、鞍馬山。

鞍馬山を登りました。20代の時、30代の時、40代の時、そして50代になって登ると、気持ちがいいのですが、丈夫な足に感謝することが多かったです。
　丈夫な足があるからこそ、元気に登れました。
　丈夫な足のおかげで、翌日筋肉痛になりました。
　最近の私は、運動不足でした。
　健康のためにも、歩くことが必要です。
　教えていただけたことに感謝をします。
「どうもありがとうございました」

　歩いている時、鷹の化身を見ました。木が、雨や風で鷹の姿になっていました。
　見る角度によって、鷹の姿は変化します。

　大きな木、大木の年輪を見ました。
　雨が降ってきたとしたら、雨宿りができそうな木を見つけました。
　自然の織り成す風景は、素晴らしいです。

　大木のエネルギーをいただきました。
　森林浴ができました。
　美味しい空気を吸って、気持ちよく吐き出すこと、深呼吸をしながら、楽しく会話をしました。

　ありがたいです。
　鞍馬山に登り、新鮮な空気の中を歩けたことに、感謝をします。
「どうもありがとうございました」

第238話　桜の花見

2016.3.

東京、上野公園。

春、一番大好きな季節です。
桜の下で、花見をしながら食事。
ポカポカ天気で、あたたかく、風がないので、落ち着いて食事ができました。
日光浴、森林浴、花見浴、体内エネルギーをいただきました。
リラックスできる環境は、とても気持ちが良いです。

こころも身体もリフレッシュできます。
たくさんの人たちが、花見をしながら、しあわせな笑顔を見せてくれました。

自然の恵み、季節の恵み、精霊たちの恵みに、感謝します。

「しあわせをありがとうございます」

第239話　睡眠

必要な時、必要な分だけ睡眠を取りましょう。
無理をしないでいいのですよ。
頑張らないでいいのです。
リラックスして、あるがままの自分を愛しましょう。

一日動いた自分自身を癒やしましょう。
よく頑張ったね。
よく歩いたね。

　心も身体もリラックスして、天上界にゆだねましょう。

　天上界は、あなたにたくさんの幸運と、愛と慈しみのあるポジティブな光エネルギーを降り注いでいます。

　感謝して、受け取りましょう。
「あなたは、愛されています」
「あなたは、守られています」
「あなたは、しあわせになる価値のある存在です」

　しあわせの恵み、季節の恵み、精霊の恵み、太陽エネルギーの恵み、大地の恵み、風の恵みに、感謝します。

「どうもありがとうございます」

第240話　手術

　手術をする時は、「ゆっくり休みなさい」というメッセージです。

「今まで、よく頑張りましたね」
「もう、頑張りすぎないでいいのですよ」

「あなたは、じゅうぶん働きました」

「もう少し、スピードをゆるめましょう」
「速度を落として、まわりの景色を見てみましょう」

「あせらないでいいのですよ」
「リラックスして、深呼吸をしましょう」

「あなたに必要なエネルギーを充電する時間です」

「たっぷり休みましょう」
「直感、ひらめきは、天上界からの、メッセージです」

「あなたのやりたいことをやりましょう」
「あなたの喜ぶことを考えましょう」
「あなたのしあわせを考えましょう」

「自分が楽しめることを考えましょう」
「未来は、あなた自身の思考が決めます」

「あなたが望む未来を創造しましょう」
「天上界は、あなたの声、発信する思考をそのまま見せてくれます」

「しあわせな未来を築きましょう」

「天上界のメッセージに感謝をします」
「教えてくれて、ありがとうございます」
「感謝します」

「どうもありがとうございます」

第241話　おもいやり

おもいやりを持ちましょう。
優しさのこころを持って、愛ある言葉を使いましょう。

批判や評価をする人は、こころが疲れている人です。

あなたは、毎日最善を尽くしています。
人の言葉や態度は気にせず、自分自身を信じましょう。

自分自身を愛すれば、まわりの人間関係が変わります。

愛に満ちた視線で、人間関係を見つめましょう。

　あなたのまわりには、あなたを理解する、良き理解者が集まり、あたたかいこころと、優しい愛があふれます。

第242話　人間関係

　たましいは、前世から受け継がれ、現世で生まれ、今の自分自身の生き方を、自由に考え生きることができます。

　天上界のメッセージは、日々贈られてきます。
みな平等に贈られています。

　ひとりひとりの自由意思に、天上界の天使は、従います。

天使を呼べば、天使は目の前に現れます。天使はいらないと思えば、天使は見守るだけです。

　天使に相談すれば、天使は応えてくれます。
　天使なんか見えないと思う人がいたとしても、天使はいます。声が聴こえないという人がいたとしても、声は聴こえています。

　その方法は、他者の言葉だったり、あなた自身の直感、ひらめきです。本や雑誌などで、あなたの目が留まる場所があります。その時、天使がそばにいて、あなたの相談の答えを映し出してくれています。

　信じる、信じないは、個人の自由です。
　しかし、信じない人より、信じた人のほうが、願いや希望は確実に叶っています。

　もし、少しでも興味があるならば、天使に声をかけてみましょう。
　天使は、喜んでそばにきてくれます。

　あなた自身が愛すれば、まわりの人間もあなたを愛してくれます。
　すべては「愛」です。

　あなたに、たくさんの幸運と、愛と慈しみのあるポジティブな光エネルギーが降り注いでいます。

感謝をして受け取りましょう。

「あなたは、愛されています」
「あなたは、守られています」
「あなたは、しあわせになる価値のある存在です」

　素晴らしい人間関係に感謝をしましょう。

「どうもありがとうございました」

第243話　すべては感謝

　天上界からのメッセージを伝えています。
「ありがとう」は、素晴らしい言葉です。

「愛」の言葉です。
「ありがとう」を相手に伝えれば、伝えた人も、伝えられた人も「しあわせ」になります。

「ありがとう」の言葉を、自分自身に伝えれば、細胞が活性化されます。
　気がついた時で、大丈夫です。
　お風呂に入って、湯船につかり、のんびり、リラックスして、あなた自身のひとつひとつの細胞にお礼を伝えましょう。
　感謝の言葉、「ありがとう」を伝えます。
　伝えることで、元気な「気」が身体の中に入ります。

例えば、自由に使える「手」に、感謝をしてみましょう。

　美味しい料理を作ってくれて、
「ありがとう」

　自分の気持ちをペンで書いてくれて、
「ありがとう」

　人間関係をつなぐ握手をしてくれて、
「ありがとう」

　自分の顔を洗ってくれて、
「ありがとう」

　はぶらしを持って歯磨きをしてくれて、
「ありがとう」

　リモコンを使ってテレビを見せてくれて、
「ありがとう」

　はしを持ってくれて、私自身の口に食事を運んでくれて、
「ありがとう」

　手に職を持つ美容師さんだったら、お客さんに自分の考えるデザインカットができました。ハサミを自由自在に使い、魔法の手になってくれて、
「ありがとう」

お母さんだったら、我が子を抱っこさせてくれて、
「ありがとう」

　オムツ交換させてくれて、
「ありがとう」

　様々なことを、こと細かく、感謝の気持ちを伝えると、手は感謝の言葉に応えてくれます。

　足、目、鼻、耳、口、頭、内臓他にも、いろいろ、あなた自身が感謝したい場所を、ひとつひとつ丁寧に見つめ、話しかけることで、確実に身体は健康になります。

「ありがとう」は、魔法の言葉です。

　実体験をしたので、確信を持って伝えることができます。

　命に感謝します。
「どうもありがとう」

　優しさを「ありがとう」。

　あたたかさを「ありがとう」。

　豊かさに感謝します。
「どうもありがとう」

　素晴らしい人間関係に感謝します。

「どうもありがとう」

　生かされている命に感謝します。
「どうもありがとう」

　自分自身のたましい、前世のたましい、現世のたましい、私自身を愛してくれて、
「どうもありがとう」

　天上界に感謝をします。
「どうもありがとう」

　天上界の降り注ぐ光に感謝します。
「どうもありがとう」

　天上界のメッセージに、感謝します。
「どうもありがとう」

　天上界は、地球上に生きているすべての人を、愛しています。
　守ってくれています。

　感謝をしましょう。
「どうもありがとう」

あ と が き

『光セラピー』の本を出版することができる

　という喜び

　こころから感謝致します。

　東京図書出版編集室の皆さま、お世話になっております。
　現世で『光セラピー』という本を出版して頂けることになって、とても嬉しく思っています。
　どうもありがとうございました。

　現世の私のたましいの他に
　前世のたましいの真実を現世で発表できることは
　前世のたましいたちの喜びです
　後世の人たちが自分たちの都合の良いように
　歴史を残してきましたが
　私のたましいの中の記憶されたたましいたちの声を
　現世で残せること　真実の声を発表できる喜びは
　尊きものです

　この本を読んで、こんな世界を感じる人間がいるんだと、知って頂ければ、嬉しいです。

『光セラピー』の本を読んで興味を持ったあなたへ。

　是非、ホームページ http://hikari-therapy.jp/ をご覧くださいね。

　天上界から降り注ぐ光は

　あなたに沢山降り注がれています

　現世で生かされているたましい　光は

　とても　素晴らしく　美しい光です

　どうぞ　ご自身のたましいの光を

　輝かせましょう

　ご縁に感謝致します。

「どうもありがとうございました」

omiyo

2016年10月23日　愛をこめて
　　　　　　　　私の両親の命日は23日です。

父の命日は、10月23日。私の両親は、亡くなっていますがいつも私のそばで、ふらふらいて、私の人生が楽になるようにいろいろ手伝ってくれています。だから、何故か亡くなったと思えません。生きていると感じ、とても感謝しています。
「いつも守ってくれて、ありがとう」

omiyo（おみよ）

本名は落合富美栄(とみえ)（旧姓三好。※omiyoの由来：みよしだったので、おみよというあだ名になり、仲良しの友達から呼ばれると、とても嬉しいです）。1963年生まれ。omiyoです。幼い頃から、霊感がありました。怖い体験は、数えきれないです。20代前半まで、こんな力いらない、なくなればいい、とずっと思っていました。しかし、守護霊・守護神の存在を知り、自分の力（霊感）を受け入れたと同時に、さらなるスピリチュアルな力を天上界から頂くことになり、40代で天上界から降り注ぐ光が見え、メッセージも聴こえるようになりました。

光セラピーは、omiyo独自のセラピーです。世界でひとり、omiyoしかできません。天上界から降り注ぐ光と共に、贈られてくるメッセージをお伝えしています。光セラピーは、光（たましい）をより輝かせるセラピーです。幸せの引き寄せの法則、心・光（たましい）のデトックス方法、守護霊・守護神からのメッセージ等をお伝えしています。セラピーを受けた方には、私がいなくても、ご自身で自分を癒やす方法、デトックス方法、ご自身の光（たましい）を輝かせる方法をお伝えしています。希望者には、守護霊・守護神からのメッセージの受け取り方を伝授しています。ご縁に感謝します。あなたの光（たましい）が、天上界から降り注ぐ、愛の光エネルギーで、輝きを増すことをお祈り致します。

光セラピー

2016年12月11日　初版発行

著　者　omiyo
発行者　中 田 典 昭
発行所　東京図書出版
発売元　株式会社 リフレ出版
　　　　〒113-0021　東京都文京区本駒込3-10-4
　　　　電話 (03)3823-9171　FAX 0120-41-8080
印　刷　株式会社 ブレイン

© omiyo
ISBN978-4-86641-006-7 C0095
Printed in Japan 2016
落丁・乱丁はお取替えいたします。

ご意見、ご感想をお寄せ下さい。

[宛先] 〒113-0021　東京都文京区本駒込 3-10-4
　　　東京図書出版